東海地方ゆかりの、往年の名車たち

リニア・鉄道館に保存されているキハ82、キハ181の前身で、同時期に名古屋駅で両車種と顔を合わせていたキハ81（1977年3月31日、紀勢本線川添駅～栃原駅）

リニア・鉄道館に展示されているED18 2の現役時代（1975年7月30日、飯田線羽場駅～沢駅）

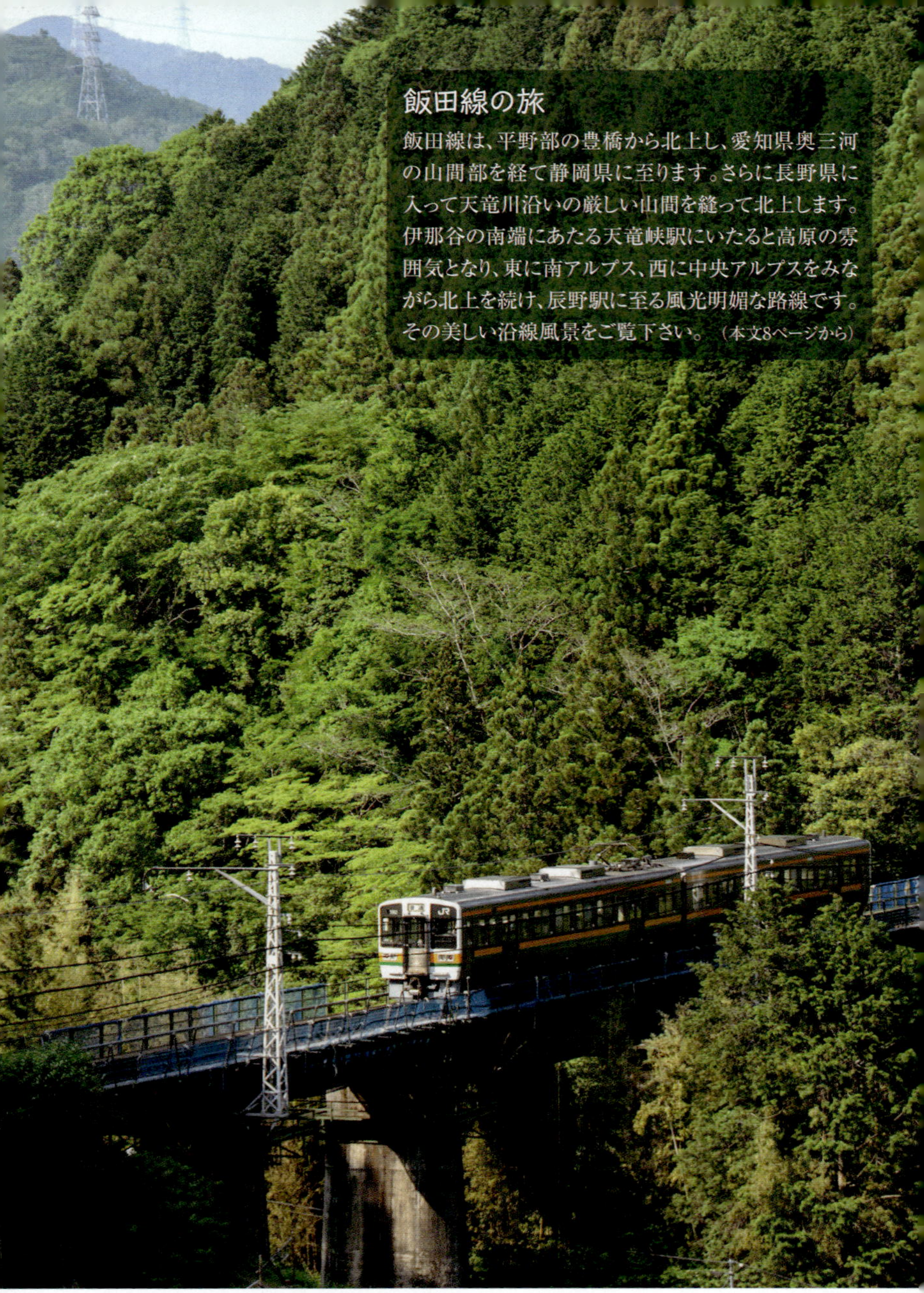

飯田線の旅

飯田線は、平野部の豊橋から北上し、愛知県奥三河の山間部を経て静岡県に至ります。さらに長野県に入って天竜川沿いの厳しい山間を縫って北上します。伊那谷の南端にあたる天竜峡駅にいたると高原の雰囲気となり、東に南アルプス、西に中央アルプスをみながら北上を続け、辰野駅に至る風光明媚な路線です。その美しい沿線風景をご覧下さい。（本文8ページから）

愛知～静岡県境を行く普通列車（東栄駅～出馬駅）

一度渡った川でありながら、対岸に上陸することなく元の岸に戻る「渡らずの橋」。中央構造線の強い地圧を避けるための苦心の作（城西駅～向市場駅）

伊那谷に至ると、中央アルプスを車窓に愛でながら進む（田切駅～伊那福岡駅）

新緑が眩しい天竜川沿いの区間は、難所続きの区間でもある（為栗駅～平岡駅）

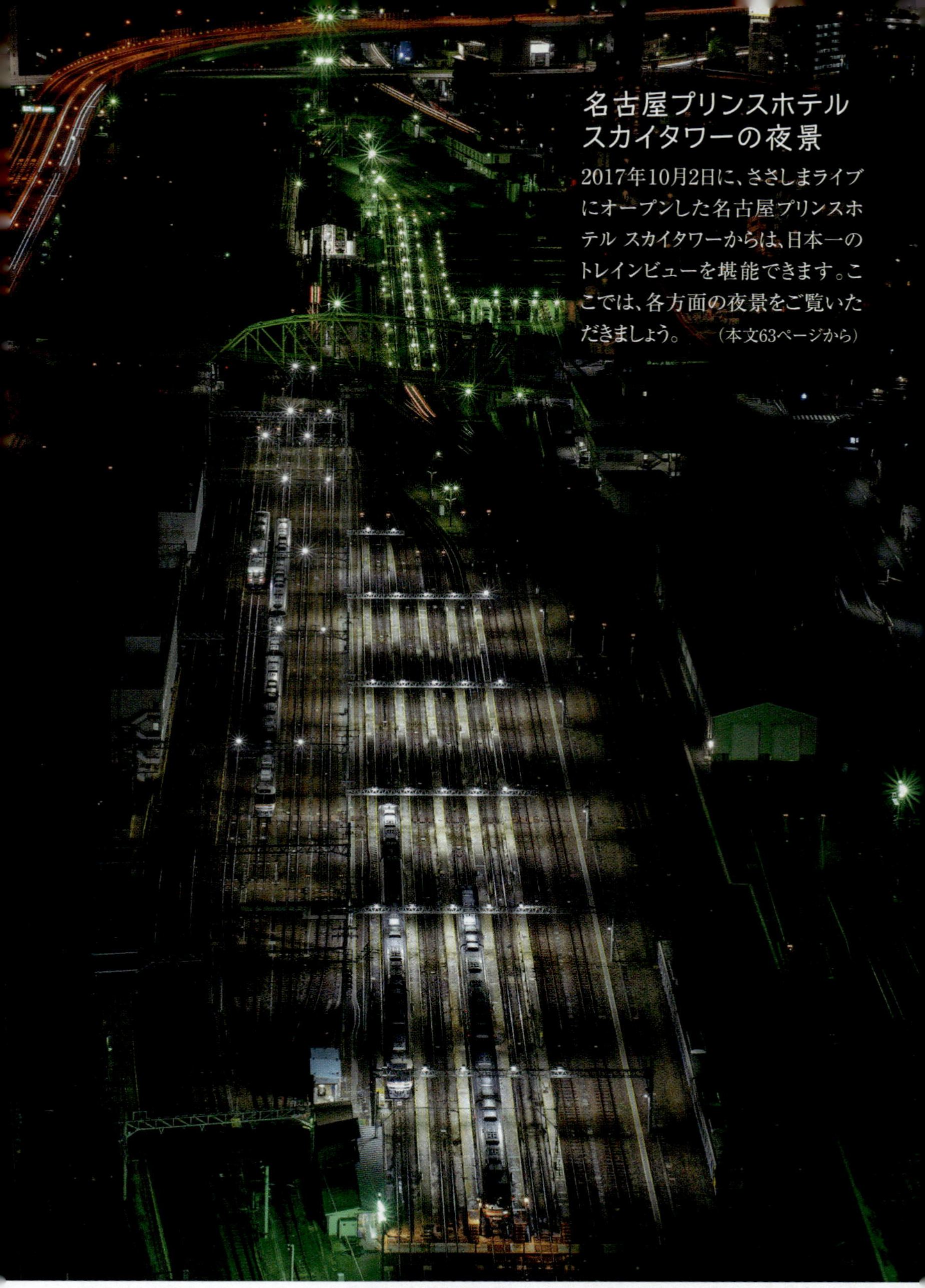

名古屋プリンスホテル スカイタワーの夜景

2017年10月2日に、ささしまライブにオープンした名古屋プリンスホテル スカイタワーからは、日本一のトレインビューを堪能できます。ここでは、各方面の夜景をご覧いただきましょう。 （本文63ページから）

西向きの部屋からは、眼下にJR東海の名古屋車両区全容が見られる。留置中の車両達の左右を、あおなみ線、関西本線、近鉄名古屋線が行き来している

名古屋駅の全景が眼下に広がる。新幹線の奥には在来線と名鉄が並走。新幹線をくぐって真下に至るのは、右手からあおなみ線、関西本線、名古屋車両区への出入線、近鉄名古屋線

南向きの部屋からは、名古屋駅から名鉄山王駅付近までの直線約2kmが一望のもと。名鉄名古屋本線・東海道本線・中央本線・東海道新幹線が並走している

明治村の車両たち

明治村には、多くの鉄道車両・鉄道関連施設が保存されています。その中でも目玉的存在の車両たちをここでご紹介します。 （本文97ページから）

明治村に2両保存されている御料車のうち、明治天皇用の6号御料車の内部。見事な装飾に目が奪われる（通常、この角度は非公開）

国内で最も古い動態保存鉄道車両である12号は、1874（明治7）年製。2010年12月から他の動態保存車とともに点検のため運行をやめて入念なチェックを受け、約2年ぶりの運転再開時には記念式典が開かれた（2012年11月8日）

もと京都市電も明治生まれ。明治村で最初に動態保存をはじめた車両で、雨天時には運転士が雨合羽を着ての運転となる

リニア・鉄道館の車両たち

JR東海が運営するリニア・鉄道館では、39両もの歴史的保存車両を間近に見ることができます。ここでは、館内全景とともに保存車のリニア・鉄道館への移送風景をご覧に入れます。

（本文114ページから）

リニア・鉄道館には、新幹線から在来線の機関車・電車などがズラッと並び、壮観のひとこと

明治村に保存されていたホジ6014は、機関部と車体を分離して搬出作業を行った（2009年12月7日）

東山動植物園で永年休んでいた世界最速記録をもつ C62 17の搬出風景（2010年2月8日）

JR東海社員研修センターから搬出中のもとお召し機 C57 139（2010年2月11日）

JR東海社員研修センターからC57と一緒に搬出される軽便鉄道用のケ90（2010年2月11日）

東海鉄道散歩

TOKAI TETSUDO SANPO

伊藤博康 著

中日新聞社

はじめに

中日新聞社は、同社が運営するWebサイト「中日新聞プラス」を二〇一二年六月一二日にはじめました。筆者はWeb関係の仕事をしている者として、当初からこのサービスに注目していました。

同年、明治村で約二年ぶりに蒸気機関車が走り出すことになり、一一月八日に記念式典が開催されました。その取材に行ったところ、旧知の中日新聞社の方と久しぶりにお会いしました。その場で、中日新聞プラス内にある「達人に訊け！」で鉄道に関することを書いてはどうかとの提案をいただき、後日、中日新聞社にご挨拶に伺うことになりました。これが、私が「達人に訊け！」にて「テツな〝ひろやす〟の鉄道小咄」を連載するきっかけでした。

ちなみに、当日撮影した写真のうちの一枚を、本書の巻頭カラーページに載せています。

「達人に訊け！」での実際の執筆は、翌二〇一三年一月からで、二〇一八年四月までの五年強のあいだに、延べ一五八本の記事を公開してきました。その中から、改めて読んでいただきたいと思う回をピックアップして、まとめたのが本書です。

「達人に訊け！」では、読者層が東海地方に多いことを想定して、この地方の話題を中心に、その周辺も含めて取り上げています。そのため、「東海鉄道散歩」というタイトルにしました。

まとめるにあたっては、記事公開後に変化があったことが少なからずあるため、最新の内容に書き換えるとともに、写真についても現状にあっていないものについては改めて撮影しています。

さらに、第二章「いま注目を集める名古屋圏の鉄道事情」を本書のために書き下ろしました。その注目の鉄道車両のほとんどが見られる場所として、昨年（二〇一七年）一〇月に開業した日本一のトレインビューを誇る名古屋プリンスホテル　スカイタワーの協力をえて、同客室等から撮った写真で紹介しています。

鉄道に乗るのは好きだけど、知識が無くて…という話はよく聞きます。好きなことを楽しむのに、知識は必要ありません。でも、知識があるとより楽しめるようになるのも事実です。そんな鉄道が好きだけど詳しくないという読者の手助けになるよう、本書はできるだけ平易な言葉で記すようにしました。

東海地方にお住まいの方はもちろんのこと、この地域の鉄道に興味がある方には、ぜひ本書をご覧いただき、これまで以上に鉄道に親しみ、楽しんでいただけることを期待しています。

二〇一八年五月

鉄道フォーラム代表　伊藤　博康

地図目次
1
2
3
4
5
6
7
8
10
11
12
13
14
15
16
17
18
19
20
21
22
23
24
25
26
27
辰野
飯田線
千代
金野
田本
為栗
中井侍
小和田
大嵐
井川
千頭
大井川鐵道
新東名
高速道路
沼津
静岡
金谷
東海道本線
浜松
豊橋
北濃
長良川鉄道
美濃太田
東海道本線
名古屋
阿下喜
三岐鉄道
北勢線
西桑名
近鉄名古屋線
伊勢中川
宇治山田
鳥羽
伊良湖
近鉄鳥羽線
近鉄志摩線
賢島

※地図上の場所は、おおよそであり、
正確ではありません。

目次

※文中の時刻・価格等は二〇一八年五月時点のものです。
運賃は断りのない場合大人のものです。

第1章

乗って楽しむ
鉄道はこれだ！

急行「飯田線秘境駅号」の停車駅を訪ねる

「秘境駅」という言葉を聞いたことがありますか？牛山隆信氏が著書「秘境駅へ行こう！」（小学館文庫）を発刊して知られるようになった造語です。文字どおり、人気の少ない無人駅で、列車以外でのアクセスが容易でない駅をランキングした本です。同氏の同名サイトでもその「秘境駅ランキング」が見られますが、ベスト50に、飯田線の駅が六つも入っています。

3位　小和田《こわだ》駅
4位　田本《たもと》駅
7位　金野《きんの》駅
14位　中井侍《なかいさむらい》駅
17位　為栗《してぐり》駅
26位　千代《ちよ》駅

難読駅が多いですね…。

これらの駅は魅力的ですが、気軽に回るのはなかなか難しいものです。というのも、飯田線の列車本数が多くないうえ、特急列車はもちろん通過します。ＪＲ東海は、これらの駅に停車して楽しむ「飯田線秘境駅号」を、観光シーズンなどに全車指定席の臨時急行として走らせています。臨時列車が繰り返し走るほど人気の秘境駅とはどのような駅でしょうか。北から順にみていきましょう。

千代駅

まずは、26位の千代駅です。

伊那谷の南端にある天竜峡駅のすぐ隣の駅です。天竜峡駅周辺には温泉旅館があり、天龍ライン下りの出発港ともなっていますが、わずか一・四km先の千代駅が秘境駅なのは、その間に天竜川を渡る鉄橋があり、並行する道路がなく、歩くと山間を三km以上の大回りが必要となる場所にあるからです。

山間の無人駅「千代」駅

駅は山間にホームがぽつりとあり、ホームの背後に民家が一軒あるだけ。あとは何もないところです。集落は、待合室の上にみえるガードレールのところにある道を登っていった先にあります。踏切があるのが不思議に思えますが、これは農地が線路の反対側にあるためのようです。

以前はこの踏切の先にある天竜川で砂利を採取しては、千代駅から運び出していたようです。しかし、いまではその作業もされておらず、いたって静かな駅です。

千代駅は、飯田線に六駅ある秘境駅の中で、もっとも特徴に乏しく地味な存在ですが、その分、何もしないで過ごす贅沢を楽しめるところともいえましょう。

とはいえ、下車して駅をひととおり見ると、やることがなくなります。ここでのんびりと静寂を楽しめる方は良いのですが、そうでないなら、待合室にあるノートを見てみましょう。秘境駅など全国の多くの無人駅に置かれている「思い出ノート」で、来訪者が思い思いのことを記しています。これを読んでいるだけで面白く、いつしか時間が経ってしまうこともあります。好意で置かれ、訪問者が書き綴っている思い出ノートです。大切にするのはもちろんのこと、気が向いたら、そこに自分の思いを記しておくのもよいでしょう。

金野駅

金野駅は、前述の千代駅の隣駅です。駅間は一・二kmと短いのですが、またしても並行する道路は皆無で、駅間を歩くと七～八kmにもなります。なにせ、最寄りの幹線道路である長野県道一号線まででも約三kmもあるのです。

下車すると、ホームの先に駅前広場はあるものの、民家はまったくありません。線路の反対側は急峻な山の斜面で、駅前広場の先には川が流れています。乗ってきた電車が行ってしまうと、辺りは急に静まりかえってしまいます。

駅前広場は、車が何とか方向転換できる程度の広さがあり、その傍らには自転車置き場もあります。私が行ったときには、自転車が一台置いてありました。相当台数を停められる自転車置き場ですが、利用する人が多いとはとても思えません…。

駅前広場といっても、あるのは自転車置き場くらい

この駅前の道は駅で行き止まりとなっている一本道で、橋を渡ると対岸の斜面を登っていきます。一五～二〇分歩くと、農家の小屋や畑があるところに出ます。ここに泰阜《やすおか》村・ジジ王国と名づけられた宿泊施設があります。NPO法人が経営している、地産地消の田舎体験ができる宿のようです。この付近だけ少し開けていますが、県道一号線沿いにある金野の集落までは、まだ半分も来ていません。一家に複数台の自動車が当たり前であろう地域ですから、飯田線を利用する人がほとんどいないのは当然のことでしょう。

金野駅のホームに戻ると、そこには待合室があります。ホームとともに定期的に清掃され、きれいに保たれています。このお陰で、天気が急変してもとりあえず凌ぐことができます。でも、荒れた天気にでもなったら逃げ場が無さそうです。線路反対側にある架線柱には「落石」の文字があります。その先に防護壁があることも見て取れます。このようなところですから、訪問するときには、天気予報を確認していきたいところです。

新鮮な空気がふんだんにありますので、滞在中にはせいぜい深呼吸をすることをお勧めします。

田本駅

この田本駅は、秘境駅ランキング4位だけに、インパクトのある駅として知られています。次ページの写真をみると、山の斜面にへばりついた狭いホームが印象的ですよね。その先にはトンネルが見えています。写真を写しているところもトンネルの上からです。しかも、駅から出ようとすると、この道を歩くしかないのです。つまり、ここが駅前通りです。

写真では判りづらいですが、田本駅ホームの先は行き止まりです。手前のホーム端から小道につながり、その先が階段となっています。二一段の石段を登ると、この写真を撮った場所です。整備はされているものの、人っ子一人いない山陰の石段を登ってトンネル上に行くのは、ちょっと冒険をする感じです。

この先で、道は二手に分かれています。一方は天竜川に降りて、対岸への吊り橋へとつづく道。もう一方は上り坂で、集落へとつづく道です。この二本の道だけが田本駅に通じているわけですが、車どころかマウンテンバイクでも厳しいような、歩くしかない！という小道です。

そのうちの上り道を一歩一歩進んでいくと、やがて飯田線沿いに延々と続く県道一号線にでます。二車線の立派な道路に出ると、目の前には清涼飲料水の自動販売機があるので、山の中からいきなり文明の地にできたような気になります。でも、見回しても数えられるほどの民家のほかは山また山です。

トンネル上から、秘境駅ランキング第4位の田本駅をみる

　ちなみに、田本駅から県道までの距離は、地図で測るとわずか六〇〇mほどです。しかし、筆者はカメラ等を持った旅装だったこともあり、途中休み休み進んで三〇分弱かかりました。一方、戻るのは二〇分ほどでしたので、所要時間は体力や山道への慣れ具合で大きく違ってきそうです。でも、平地のように一〇分程度で歩くのは難しいように思います。

　田本駅がある泰阜村のホームページをみると、「観光・特産品」のページに「秘境の駅」として田本駅が紹介されています。実際、この秘境感をもとめてやってくる人は多いようで、このあと田本駅にもどったときにやってきた電車からは、若者が二名下車しました。

為栗駅

　為栗駅は「してぐり」と読む難読駅です。ちなみに、北隣は温田駅と書いて「ぬくた」と読む、これまた難読駅です。

　駅を降りると、ホームの先には車一台がやっと通れるような道がありますが、その先は天竜川です。それも水を満々と湛えた状態で、静まりかえった感じです。というのも、四㎞ほど下流に平岡ダムがあり、このあたりまでそのダム湖になっているためです。前述の田本駅からは二駅、五・七㎞の距離にある駅ですが、駅の周囲の風景が全く違います。このように駅ごとに個性があるのが、飯田線の楽しみでもあります。

　駅ホームには待合室があり、その先には物置小屋がありますが、それ以外は何もありません。駅の裏山に民家が一軒ありますので、人が住んでいるのだという安心感はありますが、周囲にある民家はこの一軒だけです。先に記した通り川の流れも緩やかなので、水音は聞こえず、聞こえるのは鳥のさえずりばかりです。

駅から続く唯一の道を歩くと、線路はすぐにトンネルに入ります。そのトンネルの横を抜ける道は、すぐに直角に曲がって吊り橋になります。天竜橋という名で、川幅が広いため一〇〇mほどもある立派な吊り橋です。ただし、車の進入は禁止とされています。吊り橋の上から為栗駅の全景が眺められますが、それよりも、天竜川と周囲の山々の眺めの良さに目が奪われます。

吊り橋の対岸には、自動車の通行禁止標識とともに「ブッポウソウに近寄らないで!」との見出しの看板が建っています。どうやら、このあたりで絶滅危惧種に指定されているブッポウソウという鳥が見られるようです。人があまり来ないところだけに、安心して暮らせるのでしょうね。

さて、対岸に渡っても道路は一本だけしかありません。川に沿ったその道を七〇〇mほど進むと、ようやく県道一号線に出ます。といっても、近くに和知野川

為栗駅前の一本道は、右手に見える天竜川に架かる吊り橋に続く

キャンプ場があるくらいで、他にはなにもないところです。もちろん、民家もありませんし、車も思い出した頃に通るような道です。

秘境駅は、駅だけでなく、それに続く道もまた人里離れたところを通っていました。

中井侍駅

中井侍駅《なかいさむらい》は、飯田線で長野県最南端の駅です。飯田盆地の最南端に位置する天竜峡駅から二八・四㎞ですが、飯田線では四五分前後を要します。その間に、これまで取りあげてきた四駅がありました。為栗駅から中井侍駅までは途中に三駅ありますが、そのうち平岡駅こそ駅周囲に街があるものの、鶯巣《うぐす》・伊那小沢の両駅は、やはり山間の無人駅です。

中井侍駅で電車を降りると、狭いホームのすぐ前に斜面の擁壁があるのは田本駅と同じです。周りを木々に囲まれている点も同じ。そのホームの飯田側には鉄橋があり、ホームはその手前の柵までとなっています。電車が行ってしまうと、鳥のさえずりと木の葉が風にそよぐ音くらいしか聞こえないのも、他の秘境駅と同じです。新鮮な空気とともに、その静けさを堪能できます。

ホーム端の柵まで歩いて行くと、そこから右に出る道がありました。これが、中井侍駅の〝駅前通〟です。とはいえ、行き止まりで車一台しか走ることができない道ですから、車は滅多に走ってきません。右上に車

斜面にへばりつくように造られたホームの先は鉄橋

が一台止まっていますが、この中井侍駅に隣接する地にお住まいの方の駐車場です。ここは転回場も兼ねていて、私有地のため駐車はご遠慮をとお願いする看板も掲げられていました。

振り返ってホームの豊橋側をみると、駅名標があり、続いて待合所があります。その先のホーム端に近いところに、山側へ上がる坂がありました。この坂が、もう一つある駅からの出口で、途中には民家もあります。

待合所には、例によって駅ノートがあります。記録に撮っておこうカメラを構えたところ、ふいに「おはようございます」と背後から声を掛けられました。こんな誰もいないところに…と、ドキッとしたのですが、駅に隣接する民家にお住まいのご夫妻でした。慌てて挨拶を返しましたが、まさか人がいるとは思っていなかったので、驚いた様子が伝わって面白がられたかもしれません（汗）。

そのご夫妻は淡々とホームを飯田側の端まで歩いて行かれたあと、駐車していた車に乗って出かけられました。どうやら、駐車場とご自宅を結ぶ最短経路は、中井侍のホームのようです。

小和田駅

飯田線で「秘境駅ランキング」の最高位となる第3位にランクされているのが、この小和田駅です。なにせ、駅付近に民家がありません。駅前に車で行くこともできません。

それでも駅があるのは、かつては駅付近に集落があったためです。飯田線開業後に佐久間ダムが建設されることになり、そのダム湖で付近が水没することから、ほとんどの住民が移転したのです。最近まで、老夫婦二名がお住まいの家があったのですが、そのお宅までは徒歩で一五分近くかかります。車でアクセスができないので、郵便物の配達も飯田線に乗ってきた郵便局員が徒歩で配達し、飯田線で戻っていたそうです。しかし、住民はご高齢となり転居されたそうです。

そんな小和田駅ですが、駅名標の左側に「恋成就駅」と記した木柱が立っています。さらに、駅舎の旧改札口の上部には、

小和田発ラブストーリー
慶祝　花嫁号

というヘッドマークが掲げられています。これほどの秘境駅が、なぜ恋成就駅なのでしょうか。それは、二五年前の一九九三（平成五）年に遡ります。

同年初頭、皇太子妃に小和田雅子様が決まったと報道されました。すると、同妃の旧姓と同じ駅名として、小和田駅が突如脚光を浴びたのです。皇太子妃の旧姓が「おわだ」なのに対して、この駅は「こわだ」ですから読みは違います。でも、同じ文字だということで、一気に話題となったのです。

そこで地元の静岡県水窪《みさくぼ》町は、小和田駅人気を地域興しに活かそうと、同駅で結婚式を挙げるカップルを公募しました。皇室のご成婚は六月九日でしたので、小和田駅ではその直前の日曜日にあたる六日に、駅を舞台とした結婚式が行われました。当日、選ばれたカップルは臨時列車「花嫁号」に乗って到着したのですが、そのヘッドマークがいまも駅舎に飾られているというわけです。

臨時列車「花嫁号」で小和田駅に来た新郎新婦は、

小和田駅舎の旧改札口上には、「花嫁号」のヘッドマーク

十二単姿で駅前を歩きます。坂を少し下ったところには、この日のために東屋が新設され、中に「お二人の幸せを呼ぶ椅子」が設置されました。当日、式典をしたこの椅子は、東屋とともにそのまま残っています。ただし、周囲は草が生い茂っている状態で、当時とは様相が違います。当日の様子を記録した写真も駅舎内に飾られていますが、退色が進んでいます。

なお、筆者が訪れた二〇一四年七月末には駅舎内に張り紙があり、熊とマムシに注意するようにとありました。ただし、熊は鈴を付けていれば寄ってこないとも記されています。同駅周辺は何かあっても人を呼ぶことができないところですので、散策するのであれば、事前に熊鈴を用意していくと良いでしょう。

駅近くに設置され、いまも残る「幸せを呼ぶ椅子」

ところで、水窪町はいま浜松市天竜区となっています。先に紹介した中井侍駅の次駅で、駅間四kmです。そのあいだに、長野県から静岡県へと県境を越えています。飯田線というと、長野県から愛知県へのイメージがありますが、途中で静岡県を通っているのです。とはいえ、天竜川の対岸は愛知県です。

愛知・静岡・長野の三県境は天竜川の中にあるのですが、小和田駅の北東約三〇〇mという至近距離です。そこで、駅ホームには、「三県境界駅」という案内標識も建っています。同駅で下車したなら、ホーム中程まで歩いて、この標識も見てきたいところです。

大嵐駅

最後に大嵐駅を紹介します。牛山隆信氏の「秘境駅へ行こう!」で、この駅はランク外です。でも、この大嵐駅はぜひ紹介しておきたい駅なのです。

ずいぶん恐ろしい駅名ですが、読みは「おおぞれ」です。地名からとった駅名ですが、その地名の由来は、大規模な焼き畑を作った地という説と、大崩れがなまってという二説があるようです。

写真を見ると、他の秘境駅とは全く違う、場違いとも感じる駅舎ですよね。一九九七（平成九）年七月に、飯田線全通六〇周年を記念して建て替えられたもので、外観は東京駅をイメージしたものとなっています。ところが、建物に近づくと、右端に大嵐駅と書かれてはいるものの、中央扉の右上には「みんなの休む処」という木製看板も掛かっています。要は、駅舎の形をした待合室なのです。

さて、この駅の住所ですが、小和田駅と同じく静岡県浜松市天竜区水窪町です。例によって、駅の周囲に民家はありません。駅前にまっすぐ伸びる道があり、すぐに天竜川に架かる大きな橋があります。そこを渡ると、愛知県北設楽郡豊根村富山《とみやま》となります。この富山は、かつて離島を除くと日本一人口が少ない自治体・富山村として知られていました。二〇〇五年に豊根村と合併しましたが、当時二百人強だった人口がいまは百人台になっているようです。その最寄り駅が大嵐駅なのです。そのため、大嵐駅前から平日に一日八本の豊根村村営バスが運行されています。

その大嵐駅ですが、トンネルに挟まれたところにあり、ホームは大きくカーブしています。そんな狭小な地に作った駅にもかかわらず、いまは駐車場となっているかつての駅構内は随分広くなっています。

この駐車場用地に続く道は廃線跡です。もともとの飯

東京駅を模した立派な建物は、駅待合室

田線は、この道を真っ直ぐに進んでいたのでした。ところが、佐久間ダムができることになり、線路が水没するということで、この大嵐駅で一気に進路を南から東へと変えました。そこには長大トンネルができて、水窪の町へと抜けるのですが、その方向を変えるために、大嵐駅全体が大きくカーブしているというわけです。

　大嵐駅前の天竜川に沿った廃線跡の道を歩くと、すぐにトンネルが見えてきます。そのトンネルは短いのですが、その先には約一・三kmも続く夏《なつ》焼《やけ》トンネルが見えます。天竜川が蛇行しているところを、まっすぐに抜けていたトンネルです。

大嵐駅から二つ目が夏焼トンネル。内部の照明で下り勾配だと見て取れる

　写真でわかるように、駅に近い側にあるトンネル越しに夏焼トンネルをみると、内部の照明が真下に落ちていくように点いています。それだけ急な下り勾配になっているわけです。

　トンネル入口には「御注意のお願い」という、日本語としてはいささかどうかと思う表現のお願いが掲げられています。そこには、トンネルの先端は佐久間ダムが満水になったときは冠水するという意味のことが書かれています。大雨の後などに、不用意にトンネル内を進むと危険ですので、その点、くれぐれもお気を付け下さいということですね。逆に言えば、ふだんはトンネルを抜けられるわけです。だからこそ照明もあるのでしょう。一度、トンネルの先の廃線跡がどうなっているか見に行きたいと思う筆者ですが、まだそれは果たせていません。

　以上で、飯田線の秘境駅の紹介を終わります。

　いずれも個性的で魅力的な無人駅なので、参考にして是非飯田線を訪れて下さいね。きっと、貴方ならではの飯田線の楽しみ方を見つけられると思います。

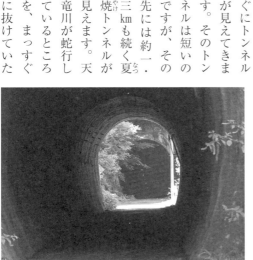

大井川鐵道に乗って楽しむ

大井川鐵道は、文字どおり静岡県の大井川沿いを走る鉄道です。ＳＬ（蒸気機関車）が走る大井川本線が知られていますが、その終点からさらに中央アルプスへと分け入る井川線は、前述の飯田線に負けず劣らずの魅力的なローカル線です。その大井川鐵道の魅力を、ここからご紹介しましょう。

井川線に秘境駅を訪ねる 尾盛《おもり》駅

井川線は、小さな車両が山深い渓谷を走る風光明媚な路線として知られています。蒸気機関車が走る大井川本線の終点・千頭《せんず》駅から井川駅までの二五・五㎞を、約一時間五〇分かけて結んでいます。

秘境駅第2位の尾盛駅は、駅につながる道が無い！

その中ほどにある接岨峡温泉駅と井川駅の間一〇・〇kmが、二〇一四年九月二日に不通となりました。急峻な斜面が崩れて、土砂が線路を覆ってしまったのです。しかも、線路の土砂を取り除く作業をすると、二次災害が発生する可能性がある危険な状態でした。そこで、慎重に復旧作業を進めていったところ、九二二日にもわたる運休期間を経て、ようやく二〇一七年三月一一日の運転再開にこぎ着けました。如何に山深い急峻な地を走っているかが想像できることと思います。

その井川線は、車窓の眺めが良いだけでなく、個性的な路線としても知られています。約二年半ぶりに運転を再開した区間に入ると、最初に停まるのが尾盛駅です。写真のとおり、周りは山ばかりで何もありません。ここには人も住んでいません。さらに、駅につながる道もなく、唯一のアクセス手段が井川線の列車となります。

井川線が開通した頃は、ここから木材を運び出していたそうです。また、かつて登山ブームだった頃には、南アルプスへの登山口としても利用されていたそうです。ところが、いまやどちらもこの駅を利用することはなくなりました。運転休止前には、駅付近に熊が出たからと、大井川鐵道が乗客の下車を禁止したことさえありました。

それだけに、飯田線で取り上げた秘境駅ランキングでは、この駅が二位となっています。一位の室蘭本線小幌駅は、JR北海道が廃止を予定したものの、維持費を地元の豊浦町が負担すると提案してきたため、廃止を見合わせているところです。廃止の可能性は依然として高いだけに、もし同駅が廃止となれば、尾盛駅が秘境駅一位となることでしょう。

井川線の絶景　日本一高い関の沢橋梁

尾盛駅を発車してしばらく進むと、トンネルが続きます。

三つ目のトンネルを抜けると、いきなり渓谷の上に出て、列車は徐行します。ここは関の沢橋梁という日本一高い鉄橋で、川底からレールまでの高さが七〇・八mもあるそうです。

関の沢橋梁上から眺めた険しい渓谷

写真は、乗車した列車に展望車がついていたため、敢えて同車に乗って窓のない状態で橋上からの眺めを撮影したものです。高所恐怖症の方は、この区間で展望車に乗るのは避けた方がよいかもしれませんね。

鉄橋の下を流れる水は写真奥に向かって流れ、正面付近で大井川に合流し、右奥へと谷を下っていきます。付近はやはり民家がなく、電源開発とはいえ戦後早々によくこの線路を造ったものだと感心します。

ちなみに、この鉄橋を渡ってすこし進んだところが、長期運休の原因となった土砂崩れの箇所です。さもありなんと思うような光景ですよね。

井川線は、全線を通して走る列車が一日わずかに四往復。ほかに千頭駅～接岨峡温泉駅間に一往復あるだけです。何度行っても楽しい、汽車旅を満喫できる路線ですが、終点の井川駅から戻る最終列車は一五時五四分発と早いです。以前は井川と静岡市内を結ぶ路線バスがありましたが、いまはありません。それだけに、あらかじめスケジュールを立ててから行かないと、乗り遅れてしまったでは済まされない路線です。

運賃は、金谷～千頭～井川間が片道で三一三〇円と割高ですが、二日間有効の「大井川周遊きっぷ」は四四〇〇円ですので、この切符を使って一泊二日で行くのがお勧めです。宿は、同きっぷを使いバスでアクセスができる寸又峡温泉にあるほか、井川駅から自主運行バスでアクセスする井川の町中や、接岨峡温泉駅近く、奥泉駅近くなどにもあります。また、大井川本線の川根温泉笹間渡駅付近にもありますし、金谷駅まで戻って東海道本線に乗れば、静岡はもちろんのこと、島田・藤枝・掛川などの各駅にビジネスホテルもあります。

日本最急勾配のアプト式鉄道を楽しむ

大井川鐵道は、大井川本線も井川線も大井川沿いを走りますので、基本的になだらかな線形です。しかし、井川線のアプトいちしろ～長島ダム間だけは、粘着式鉄道としては国内最急勾配の九〇‰（パーミル）という坂を上り下りします。パーミルは、日本語で千分率といいます。百分率はパーセントですよね。それよりもう一桁多い千分率ですので、一〇〇〇m進むと九〇

急勾配の坂下に機関車をつけて上り下りするアプト区間

m登る勾配となります。百分率だと九％です。

　自動車であれば九％の坂はちょっと急だなという程度ですが、鉄のレールの上を鉄車輪が走る鉄道だと、ツルツル滑ってしまうので、この勾配はなかなか手強いものとなります。ちなみに、日本における幹線系鉄道は最大一〇‰以下にしていて、ローカル線でも二五‰以下に抑えているところが多いですから、いかに特殊かがわかります。

アプト区間のラックレールの様子。このギザギザに機関車の歯車を噛み合わせて坂を安全に上り下りしている

　この急勾配を安全に上り下りするために、この一駅間一・五㎞の区間だけに、アプト式という特殊な装置を設けています。アプト式というのは、レール間にギザギザの歯形をもったレール（ラックレール）を敷き、機関車につけた歯車（ピニオン）をかみ合わせて上り下りするラック＆ピニオン方式の一種です。日本では、かつて信越本線碓氷峠で使われていて、大井川鐵道での使用が二例目となる珍しい方式です。

　実際、写真をみても、急な坂を列車が登っていることがわかりますよね。その坂の下に三両の機関車がついています。そのうち左側の大きな機関車二両が、アプト区間専用に造られたＥＤ９０形という電気機関車です。その右についている小さな機関車ＤＤ２０形がこの列車の本務機で、千頭～井川間を担っています。

　これら三両すべてが坂の下についているのは、万一連結器が外れたりしたときでも、アプト式機関車ががっちりと受け止めて、客車の暴走を防ぐためです。安全重視ということが理解できます。

　では、運転士さんはどこにいるのでしょう。列車編成の右端に一人と、アプト式機関車ＥＤ９０形に一人乗務しています。列車編成の右端は客車で動力をもっていないのですが、ここにある運転台を操作すると、列車後部のＤＤ２０形ディーゼル機関車にその指示が電気信号で伝えられます。遠隔制御をしているわけです。もちろん、千頭に向かう際には機関車が先頭になるので、機関車の運転席で操作します。これまた、日本ではあまり見られない珍しい制御方式です。

景色を楽しむだけでも充分に楽しい井川線ですが、このようなちょっとした知識をもって乗ると、より楽しくなりますよ。なお、登山鉄道の本場となるスイスでは、アプト式を含めて大きく四方式に分類されるラック&ピニオン方式が多数見られます。

本物の蒸気機関車「きかんしゃトーマス号」を子連れで楽しもう

年間を通してSLが走ることで知られる大井川鐵道ですが、毎年夏から秋にかけて、「きかんしゃトーマス号」が走ることでも話題です。もちろん、煙を吐いて走る本物の蒸気機関車です。

英国生まれの「きかんしゃトーマス」は、長く人気を誇るアニメで、絵本なども多くでています。本家の英国では、数ある保存鉄道のなかに「きかんしゃトーマス号」を走らせているケースを割と見かけます。オーストラリアやアメリカでも動いています。

煙を吐いて走る「きかんしゃトーマス号」©2018 Gullane (Thomas) Limited

一方、日本では「きかんしゃトーマス」のヘッドマークをつけたり、絵を描いた電車がいくつか走っていますが、本物の蒸気機関車「きかんしゃトーマス号」が走るのは、ここ大井川鐵道だけです。アジアでも他に例がありません。

牽引する客車は、中高年の方には懐かしいものの、お子さんはちろんのこと、お父さんやお母さんにとってもテレビや映画でしか見たことがないような昭和レトロな車両です。その車内は、背もたれのシートカバーに「トーマスとなかまたち」が描かれ、天井にも彼らが描かれた三角旗が吊されています。

二〇一四年から走りはじめた大井川鐵道の「きかんしゃトーマス号」ですが、大人気となって、なかなか予約ができない状態です。翌年からは繁忙期に仲間の「ジェームス号」も運転されていますが、それでもなかなか予約ができません。

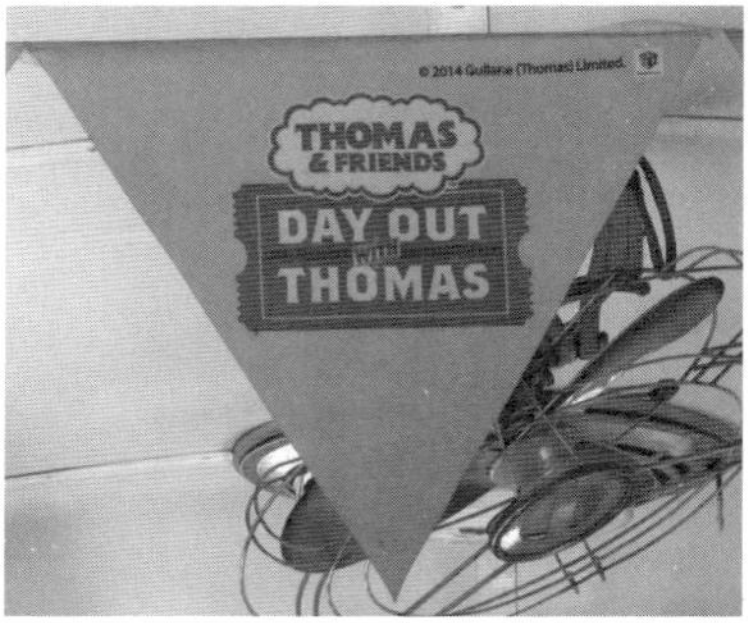

©2018 Gullane (Thomas) Limited

これでは乗れないし、行っても無駄か…と思われている方、あきらめないで下さい。予約ができなくても、大井川鐵道で「きかんしゃトーマスとなかまたち」を楽しむ方法をお知らせします。

まずは、大井川鐵道のホームページを見てみましょう。

同ホームページの一番うえに「トーマス号に乗る」というアイコンがあります。これをクリックすると、「大井川鐵道DAY OUT WITH THOMAS 2018の楽しみ方」がでていますので、一通り読むと良いでしょう。

予約にはキャンセルも出ますので、キャンセル待ち情報などもここで知ることができます。運転期間に入ってよく見ると、必ずしも満席の日ばかりではないことが判ります。

それでも予約ができなかったら、大井川鐵道に行っても楽しくないでしょうか…そんなことはありません。これらの列車が走るときには、それより早い時間に「電車急行」が走ります。千頭駅には「きかんしゃトーマス号」「ジェームス号」よりも一時間以上も早く着けます。

千頭駅着が九時五四分ですから、同駅構内で開催されている「トーマスフェア」会場の一〇時オープンの時間ちょうどとなります。

千頭駅に到着したSLは、入れ換え作業の後にトーマスフェア会場の先端にある転車台で向きを変えます。千頭に向かっていた車体を、新金谷方向に反転させるのです。この転車台での方向転換は人気が高いので、見やすい場所を確保するには、早めに行っておいた方がよいのです。また、千頭駅構内のトーマスフェア会場には、ヒロ、パーシー、ラスティー、いじわる・いたずら貨車、ウィンストンといった「トーマスのなかまたち」もいて、運転席に乗ったり貨車に乗ったりできます。これらも、早めに行けば待ち時間なしで楽しめるのです。

「きかんしゃトーマス号」の予約ができればもちろんのこと、予約ができなくても、家族連れで一日楽しめるのが大井川鐵道の「トーマスとなかまたち」です。

大井川本線での旧形客車に一日乗り続ける旅が大盛況!

大井川鐵道は二〇一六年三月三一日に、なんとも挑発的なタイトルのリリース文を出しました。そのタイトルは、

あなたは全行程を乗りきれるか?

ではじまります。なんのことだろうと思ったら、

電気機関車牽引・長距離鈍行列車ツアー!!

途中の駅でホームに降りたりする、あわてないのんびり旅

総乗車距離『二二三・二㎞』
総乗車時間『一〇時間五七分』の旅に出ようだそうです。使用するのは、大井川鐵道がいつもSL急行「かわね路号」に使用している旧形客車です。旧形客車というのは、ブルートレインなど新系列の客車ができる以前に造られた客車のことです。かつて、蒸気機関車に牽引される客車といえば、茶色か青色の旧形客車が基本でした。いまや、そんな旧形客車に乗れるのは、ここ大井川鐵道のSL急行か、JR東日本の「SLレトロみなかみ」など、それに津軽鉄道のストーブ列車くらいとなっています。

そんな貴重な旧形客車ですが、延々一一時間弱も乗り続けるのは冗談じゃない！と思いますよね。でも、蓋を開けてみると、なんと募集八〇名に対して三倍以上の申込みがあったそうです。そのため、参加者は抽選で決めたとのこと。その後も同ツアーは二回実施されています。どこがそれほど魅力なのでしょうか、その点を探ってみました。

大井川鐵道の大井川本線・新金谷～千頭間は、三七・二㎞しかありません。所要時間も普通列車で一時間強です。どうやって二二三・二㎞、一〇時間五七分も？と思ったら、この区間を一日に三往復するのでした。

さらに、急がない旅なので、途中駅でのんびり停車しては対向列車を待ちます。折り返しとなる新金谷駅や千頭駅でも折り返し時間をしっかりとって、駅前を歩いたり飲食物を調達したりします。まさに、リリース文のタイトルのとおり「長距離鈍行列車ツアー」なわけです。

その初回ツアーの時刻は次の通りでした。

▼一往復目
新金谷09：48→11：14千頭11：55→13：18新金谷
▼二往復目
新金谷13：39→15：17千頭15：38→17：00新金谷
▼三往復目
新金谷17：30→18：51千頭19：27→20：45新金谷

三往復目の後半は、日が暮れて夜行列車になります。旧形客車の夜行列車は、いまやここ大井川鐵道で年に何度かしか味わえない貴重なものです。

ところで、旧形客車はボックスシートと呼ばれる四人向かい合わせの座席です。一両の定員は車種によって違いますが、概ね八〇名です。電気機関車が客車四両を牽引しますが、そのうちの一両は荷物車も兼ねた合造車で、客室はおおよそ半分です。とすると、座席定員は約二八〇名になるわけですが、募集人員は前述のとおり八〇名です。つまり、座席定員よりかなり少ない人数での乗車ですから、四人掛けボックスシートに一名程度の乗客数で、車内はゆったりしています。

のんびり景色を楽しみ、飲んだり食べたりしながら、駅で停まったらホームを散歩…と、まる一日の汽車旅を満喫できるわけです。これが人気の秘密のようです。

ホームライナーで、静岡県内を快適に移動しよう

鉄道旅行が好きな方と話していると、よく話題になるのが、静岡県内の東海道本線が面白くないというこ

373系特急用電車を使用するホームライナー浜松

とです。その理由は、決まって「ロングシート車ばかりだから」。そんな方にお勧めしたいのが「ホームライナー」の有効利用です。

「ホームライナー」は通勤・通学時間帯に、座っていけるようにと走らせている列車です。ですから週末の運転は少なく、その点で行楽には利用しにくいですし、列車本数が多くないのでスケジュールを決めて利用する必要があります。一方、写真にある373系特急用電車を使用していますので、すこぶる快適です。特急の「(ワイドビュー)ふじかわ」「(ワイドビュー)伊那路」で使われている車両です。それでいて、乗車整理券という名の指定席券は、わずか三二〇円! ほとんどがリクライニング付き回転クロスシートで、一部はテーブル付きのボックスシートですが、どちらでも、駅弁を買い込んで優雅に汽車旅を楽しむこともできるわけです。

二〇一八年五月現在、静岡県内には左の表に記されるホームライナーが走っています。

停車駅は、沼津・富士・清水・静岡…と主要駅だけのため、特急「(ワイドビュー)ふじかわ」と同じ区間を走る富士～静岡の所要時間は、二六分で同じです。特急だと自由席でも七五〇円ですから、いかにお得かがわかるでしょう。

特にお得感が高いのが「ホームライナー浜松3号」で、沼津～浜松一三〇・九㎞、所要一時間三九分に、わずか三二〇円で乗車できるのです。さらに同列車は浜松から豊橋行普通列車となりますので、二〇時四六分豊橋着までそのまま乗り続けられます。豊橋からの東海道本線は快適な転換クロスシート車ですし、名鉄も特急の多くはクロスシート車ですよね。週末も含む毎日運転のホームライナーですから、静岡への行楽帰りにはお勧めの列車です。

ホームライナーの乗車整理券は、乗車駅の券売機のほか、沼津駅や静岡駅では駅ホームにホームライナー専用の自動券売機あり、それらで買うことができます。乗車整理券ですが座席指定で発券されるので、空いている席を探して回るようなこともなくありがたいです。

座席は快適なリクライニングシートで、白い頭載せカバーがかかっています。前席の頭載せカバーの端にはポケットがついていて、乗車整理券を入れられるようになっています。ですから、車掌さんが改札に来られたときに居眠りをしていても、起こされることなく安心して寝ていられますよ。

なお、浜松〜豊橋間と、熱海〜沼津間には、このほかにも373系が普通列車に使われている便があります。

下り

●ホームライナー静岡1号
沼津 6:56 → 7:38静岡　※土休日運休

●ホームライナー静岡31号
沼津 7:30 → 8:16静岡　※土休日運休

●ホームライナー静岡3号
沼津20:47 → 21:28静岡　※金曜日運転

●ホームライナー浜松1号
静岡18:12 → 19:11浜松　※土休日運休

●ホームライナー浜松3号
沼津18:31 → 20:10浜松

●ホームライナー浜松5号
沼津19:25 → 21:05浜松　※土休日運休

●ホームライナー浜松7号
静岡21:13 → 22:13浜松　※土休日運休

上り

●ホームライナー静岡2号
浜松 6:34 → 7:34静岡　※土休日運休

●ホームライナー静岡4号
浜松 7:04 → 8:05静岡　※土休日は34号

●ホームライナー静岡36号 浜松
8:29→ 9:28静岡　※土休日運転

●ホームライナー静岡6号
浜松19:34 → 20:34静岡　※土休日運休

●ホームライナー静岡8号
浜松21:19 → 22:18静岡　※土休日運休

●ホームライナー沼津2号
静岡 7:00 → 7:41沼津

●ホームライナー沼津4号
静岡18:00 → 18:42沼津　※土休日運休

●ホームライナー沼津6号
静岡19:00 → 19:38沼津　※土休日運休

●ホームライナー沼津8号
静岡20:20 → 21:01沼津

長良川鉄道に観光列車「ながら」が登場

高山本線の美濃太田駅から分岐して、刃物と鵜飼の町「関市」、和紙とうだつの上がる町並みの「美濃市」、徹夜踊りの郡上八幡を経て、北濃まで七二・一kmを結ぶ長良川鉄道に、二〇一六年のゴールデンウィークから観光列車「ながら」が走りはじめました。ナガラ301をビュー車両「もり」、ナガラ302を食堂車「あゆ」と名づけた改造をしています。

「ななつ星in九州」に代表されるJR九州の車両をはじめ、和歌山電鐵の「たま電車」など、話題の鉄道車両の数々をてがけてきた、ドーンデザイン研究所の水戸岡鋭冶氏による東海地方初のデザイン車両です。水戸岡氏といえば、木製品を多用した車内が特長ですが、観光列車「ながら」も次ページの写真の通り、実にウッディで落ち着いた車内となっています。

写真は食堂車「あゆ」の車内ですが、各ボックスには薄手のカーテンが備えられています。景色を楽しみつつ、落ち着いて食事ができるのです。ボックス間には半透明ガラスによる衝立があるので、隣のボックスからのぞき込まれることもありません。

窓にはブラインドとしてすだれが掛けられ、「NAGARA」の幔幕があるところも、和風で落ち着いていますよね。

廊下を挟んで西側を二席、東側を一席としたため、椅子の幅に余裕があるのも嬉しいところです。この写真には写っていませんが、窓に向かって座る席やサービスカウンターもあります。それだけに、定員はわずかに二五名。ここからも、ゆったりと落ち着いた旅を楽しめることが判るでしょう。

ちなみに、「あゆ」車両のロゴは○の中に漢字の「鮎」が記されているのですが、さかなへんが「あゆ」の姿になっているところに遊び心を感じます。

ビュー車両「もり」は、車内販売はあるものの供食サービスはない、定員制の車両です。通路を挟んで二列二列のボックスシートとロングシートがあり、つり

木製品を多用した、落ち着いた車内。右下は「鮎」のデザインロゴ

革もあるところが「あゆ」とは大きく異なります。それでも座席定員三八名ですから、一般車に比べて少なめの定員となっています。

乗車するには、どちらの車両も予約が必要となります。運行は金土休日と夏休みが中心で、「あゆ」と「もり」の二両編成は美濃太田～郡上八幡間で運転です。郡上八幡で「あゆ」は切り離されて、「もり」だけで郡上八幡～北濃間を往復します。

「ながら1号」の「あゆ」がランチプラン一万二千円、「もり」がビュープラン五百円ですが、ランチプランには二日間フリー乗車券がついています。一方、ビュープランは別途乗車券が必要です。

「ながら2号」はランチプランとビュープランのほかに、「あゆ」にスイーツプラン五千円の設定もあります。スイーツプランは一日フリー乗車券付きとなります。

さらに二〇一八年春から、「ながら」川風号の運転が始まりました。同じくウッディに改造し、真っ白なロングシートが印象的です。関→郡上八幡の「お弁当プラン」と郡上八幡→美濃太田の「ほろ酔いプラン」で、いずれも一日乗車券がついて六千円です。

詳しくは、長良川鉄道の観光列車「ながら」専用サイトをご覧下さい。

近鉄の豪華特急〝しまかぜ〟は快適

近鉄が二〇一三年三月二一日に満を持してデビューさせた、伊勢志摩への観光特急〝しまかぜ〟は、ちょっと精悍な顔つきの車両で、他の近鉄車両とは明らかに違います。

他の近鉄特急とは一線を画した豪華さを誇り、六両編成のうち一両はカフェ車両で、残る五両はいずれも一両の定員が二六～三〇人と少なく、ゆったりとした座席配置です。

近鉄名古屋・京都・大阪難波の各駅から午前に賢島へ向かい、午後に戻るという運用です。毎日の運転ですが、近鉄名古屋発は木曜日、京都発は水曜日、大阪難波発は火曜日に運転をしません。運転開始から五年経っても依然人気で、特に大阪難波発着の列車は、連日ほぼ満席の状態です。

乗車には、通常の運賃と特急料金に加えて、距離に応じて七二〇～一〇三〇円のしまかぜ特別車両料金が必要となります。例えば、近鉄名古屋から伊勢神宮最寄りの伊勢市駅か宇治山田駅まで行く場合、通常の特急なら二七七〇円のところ、しまかぜだと三五九〇円かかります。それでも人気の理由はなんでしょう。実際に乗ってみました。

先頭一号車の扉を入ると、連結面側に無料のロッカールームがあります。大きな荷物を持っていると自席でくつろぎにくいだけに、これは嬉しいサービスです。デッキから階段を四段上がると、そこから展望車両です。ハイデッカーになっているため眺めが良く、最前列だと前面展望も楽しめる車両です。シートは、通路を挟んで片側二席と一席が並んでいます。どの座席も大型でゆったりとしたもので、前後の座席間隔は一二五㎝と余裕たっぷり。前席の乗客が座席をリクラ

豪華観光特急“しまかぜ”は精悍な面構え

イニングしても余裕の広さになっています。

革張りなのですが、ツルツルと滑ることはありません。背もたれのリクライニングに加えて、フットレストも電動です。さらに、腰部の位置を前後する機能もついています。臀部の大きさによって腰部の位置は人それぞれなだけに、航空機の国際線等では小さい腰当て用のクッションが用意されていることがありますが、このシートはその機能を内蔵。それも、任意の位置で固定できるのですこぶる快適です。

ちなみに、二号車と五号車も、両先頭車と同じプレミアムシートです。ハイデッカーになっていないバリアフリー車両というだけで、シートも内装も全く同一です。

さて、自席に満足するだけではこの車両を満喫したことになりません。というのも、前述した「カフェ車両」も連結されているのです。山側に通路があり、海側は上下二階建てとなっている車両で、ここにカウンターがあり窓に向いてシートが並んでいます。車端部には売店があるのですが、カウンター利用者はシートに座ると係の方が注文をとりにきてくれます。海の幸

カウンター式のカフェ車両では、地ビールも楽しめる

ピラフ、松阪牛カレーといった軽食とともに、スイーツ、飲み物、おつまみなどもあり、伊勢の地ビール神都麦酒や生ビールをはじめとしたアルコール類も楽しむことができます。

二階席は写真のようにカジュアルな雰囲気で、一階席はちょっと落ち着いた空間になっています。この車両に乗ったら、この贅沢な空間もぜひ楽しみたいところです。

小さな電車で訪ねる 土木遺産…三岐鉄道北勢線

七六二㎜…三岐鉄道北勢線
一〇六七㎜…ＪＲ関西本線
一四三五㎜…近鉄名古屋線

これが、何の数字か判りますでしょうか。

それぞれの路線のレールとレールの間隔です。これを軌間（ゲージ＝Gauge）と呼びます。近鉄名古屋線の一四三五㎜は「標準軌（スタンダードゲージ）」と呼ばれる、世界的に一般的な軌間です。新幹線や関西の大手私鉄の多くも、同じです。これより狭い線路を「狭軌（ナローゲージ）」、広い線路を「広軌（ブロードゲージ）」と呼んでいます。ＪＲの在来線や名鉄、名古屋市営地下鉄などは、一〇六七㎜の狭軌です。

ところが、三岐鉄道北勢線はそれより更に狭い七六二㎜の狭軌です。さすがにこれほど狭い線路は多くなく、国内で旅客営業しているところは、北勢線のほかに四日市あすなろう鉄道内部・八王子線と、富山県にある黒部峡谷鉄道だけです。近鉄では特殊狭軌と呼んでいるようですが、以前は軽便鉄道と呼ばれていました。一方、広軌はいまの日本の旅客鉄道にはありません。

さて、そんな軽便鉄道の三岐鉄道北勢線に乗ってみましょう。始発の西桑名駅は、近鉄とJRの共同駅である桑名駅の東口をでて、跨線橋を歩いた先にあります。駅前広場の端っこに、こぢんまりと駅舎を構えている感じです。

762mmの狭軌は車内も狭く、向かいの人と足がつきそう

日中は三〇分に一本の列車がありますが、途中駅の楚原《そはら》行もあるので、終点の阿下喜《あげき》まで行くのであれば、時刻を調べてから訪れるとよいでしょう。

さて、電車が入ってきました。威圧感がほとんどない小柄な可愛い電車といった感じです。車内に入ると…せまい！　ロングシートの両側に乗客が座ると、両者の足がくっつきそうなほどです。天井も低くて、なんだかアットホームな雰囲気を感じます。

さて、今日は終点から二つ手前の楚原駅まで乗ります。西桑名駅から一四・四㎞で所要約四〇分です。

のんびりと走る軽便鉄道を楽しみ、楚原駅で下車したら、駅前通りを約一五〇m進みます。すると線路と並行する旧道に出るので、左に曲がって一㎞弱歩きます。員弁《いなべ》西小学校までくると、道が二手に分かれます。そこを左手に進むと急な下り坂となり、川に出ます。川は二本ありますが、最初の川で左手をみると、北勢線がこの川を渡るところが見られます。

その橋まで堤防を歩いていくと、石積みかと思ったのがコンクリートブロック積みだということが判ります。それも、コンクリートブロックが斜めにねじって組み上げられています。これには驚きました。俗に「ねじりまんぽ」と呼ばれる工法ですが、これまでレンガ積みのものはいくつも見たことがありますが、コンクリートブロック製は初めて見ました。

六《ろっ》把《ぱ》野《の》井水《いすい》拱橋《きょうきょう》で、通称は〝ねじり橋〟だそうです。

コンクリートブロック製の“ねじり橋“

下を流れる川は、六把野井水という江戸時代に造られた用水です。橋は一九一六（大正五）年製ですので、築後百年を超えています。三岐鉄道のサイトによると、現存するコンクリートブロック製の「ねじりまんぽ」は、これが唯一なのだそうです。予想外の迫力で、一見の価値がありました。

〝ねじり橋〟をくぐり、線路を右手に見ながら五分ほど歩くと、きれいな三連アーチ橋があります。明智川拱橋で、先の〝ねじり橋〟と同年にできたコンクリートブロック製です。その形から〝めがね橋〟と呼ばれています。

この〝ねじり橋〟と〝めがね橋〟は、ともに土木学会選奨土木遺産に認定されています。見た目にも特徴がありますが、土木工学的にも貴重なものと認定されているわけです。

ここまで、楚原駅から約一・五㎞徒歩二〇分程度です。そのまま戻っても良いのですが、すぐ先に見える国道四二一号線を左に折れて約一・五㎞いくと、三岐線三里駅にでられます。川向こうに見えるイオンを目指して歩き、イオンの先へそのまま進めば良いので、

きれいな三連アーチの通称“めがね橋”

迷う心配もありません。健康的な休日を楽しむのに、よいコースですよ。

渥美半島から小説の舞台を眺めながら伊勢へ

伊勢湾フェリーは、伊良湖岬バス停にある道の駅「クリスタルボルト」から出港して、伊勢の鳥羽港までをわずか五五分で結んでいます。豊橋駅から伊良湖岬までは、直行バスでも約一時間半かかりますので、鳥羽に渡る方が豊橋に戻るより早いのです。

運賃は大人一五五〇円、小人七八〇円ですが、豊橋鉄道の有人駅もしくは鳥羽港で「豊橋・鳥羽割引きっぷ」を買うと、豊橋～伊良湖岬間の電車とバスの乗車券までついて、大人二〇六〇円、小人一〇三〇円です。随分とお得ですよね。二日間有効なので、伊良湖岬付近にあるホテルで一泊することもできます。

伊勢湾フェリーの伊勢丸

　さて、伊勢湾フェリーは出港すると、すぐに伊良湖水道にさしかかります。太平洋と伊勢湾の境目となる部分で、名古屋港・四日市港・豊橋港といった日本の製造業を支える港に出入りする船が行き来するところです。その航路は幅約一・二km、長さ約三・九kmととても狭いのですが、この水道を航行する船に対して直角にまじわる航路となるのが伊勢湾フェリーです。このため、いろいろな船が行き来する光景を楽しむことができます。

　伊良湖水道を過ぎると、進行左手に神島が見えてきます。三角形をした伊良湖岬からすぐの島ですが、三重県鳥羽市に属しています。三島由紀夫作の小説「潮騒」の舞台となったことで知られ、船内放送でもその案内があります。神島までは、鳥羽港から鳥羽市営の定期船がでています。この先にある答志島・菅島・坂手島とともに、市内交通として船が生活の足になっているわけです。

　神島が後方に去りゆく頃に、前方からもう一隻の伊勢湾フェリーがやってきます。鳥羽港を同時刻に出港して、伊良湖港を目ざす便です。

　ここまで来ると、鳥羽市最大の島である答志島と、その向かいにある菅島は目の前です。その両島の真ん中を通り、やがて鳥羽港に到着です。

　鳥羽港のフェリーターミナルの建物をでて、さて、近鉄の駅はどこかな?と思ったら、なんと、目の前の交差点を渡ったところが中之郷駅でした。あまりに近いので拍子抜けしたほどです。

　中之郷駅は鳥羽駅から一・〇kmのところにある無人

駅で、上下普通列車がそれぞれ一時間に二本ずつ停車します。

伊勢湾フェリーを利用すると、このように一日で伊勢湾一周を無理なく楽しめます。もちろん、伊良湖や伊勢で泊まり、海産物に舌鼓を打つのもお勧めです。電車・バス・船とさまざまな乗り物を楽しみ、伊勢神宮にも参拝する「乗り物の旅」に、みなさんも出かけてみませんか？

いまも残る「鉄道連絡船」で、徳島へ！

鉄道連絡船というと、青函連絡船や宇高連絡船を連想して、過去のものと思ってしまいがちです。ところが今日でも、日本には鉄道連絡船が二航路あります。ひとつは、広島の「安芸の宮島」へ行くJR西日本宮島フェリー宮島航路（宮島口駅～宮島港）で、もうひとつが、南海フェリーの南海四国ライン（和歌山港～徳島港）です。宮島フェリーは日中一五分間隔の頻繁運行なので、接続列車がありません。一方、南海フェリーは大阪ミナミのターミナルであるなんば駅からの特急「サザン」等と接続する、いわば正統派の鉄道連絡船です。

南海フェリー「つるぎ」。もう一隻「かつらぎ」も就航している

現在、徳島港行六便、和歌山港行七便が鉄道連絡をしています。

和歌山港での乗り換えは至って簡単で、改札口を出た右側にある連絡橋を歩いて行くだけです。途中、動く歩道などもあるバリアフリー対応で、そのまま乗船待合室に至ります。出港一五分前から乗船を始めますので、南海電鉄からの乗り換えだと待ち時間なくそのまま乗船ができます。

乗船券は乗船待合室の自動券売機で購入できますが、「好きっぷ二〇〇〇」という南海電鉄の運賃が無料になるとってもお得なきっぷがあります。南海電鉄の主要駅と徳島港で発売しているもので、難波はもちろんのこと、関西空港や高野山などへも、和歌山港〜徳島港の乗船賃二〇〇〇円だけで行けてしまうのです。ただし、発売当日限りで途中下車もできませんので、ついでに和歌山市内で観光をといった使い方はできません。

ちなみに、和歌山港〜なんばの運賃は九二〇円。和歌山港〜高野山の運賃は一七三〇円もします。いかにお得かが判りますよね。南海の特急「サザン」は特急料金不要です。ただしロングシートですので、くつろいで行きたいと思ったら五一〇円の指定席券を購入すると良いでしょう。快適な指定席専用車を利用できます。

例えば、徳島から名古屋への移動に利用する場合、徳島港で「なんば好きっぷ二〇〇〇」を買います。同時に、接続する特急「サザン」の指定席五一〇円も購入します。徳島港一六時三〇分発に乗船すると、なんば着が一九時五九分です。そのまま近鉄の大阪難波駅に移動し、二〇時三〇分発の近鉄アーバンライナーに乗ると近鉄名古屋着は二二時五二分です。近鉄の運賃と特急料金はあわせて四二六〇円なので、徳島〜名古屋を六七七〇円で快適に移動できました。

船旅の良いところは、船内空間が広いことです。南海フェリーの場合、上級船室としてグリーン船室があり五〇〇円で利用できますが、利用は少ないようで、席数も多くありません。それというのも、観光シーズンの連休を除けば混雑することは少なく、乗客は思い思いにすきな場所にいられるためのようです。

特に人気なのは、ゴロンと寝っ転がることができるじゅうたん席です。乗船時間が二時間なので、一寝入りするとちょうどよいくらいです。出港してしばらくすると、すやすやと寝ている方が結構おいでです。ゆったりとした揺れの船旅は、寝るのに適しているようです。かくいう私も、利用したときにはついうとうと…。

徳島港に着くと、港の施設をでたところで徳島市営バスが待っています。三〇分ごとの頻繁運転で運賃は二一〇円。徳島駅前まで所要一九分で直行してくれますから、実に便利です。

〝現代の大垣夜行〟は豪華版

かつて、名古屋と東京を結ぶ夜行列車として「大垣夜行」と呼ばれる普通列車がありました。グリーン車も連結されていて、東京で早朝から動きたいときや、東京からの帰路で新幹線に乗り遅れたときに、筆者もよくお世話になりました。

同列車は、国鉄時代の急行形電車165系から、JR東海が新製した特急形電車373系に車両が代わるとともに快速「ムーンライトながら」となりましたが、しばらくして定期運行は終了。いまでは「青春18きっぷ」有効期間内の一時期に、臨時列車としてJR東日本の車両で運転されるだけとなっています。

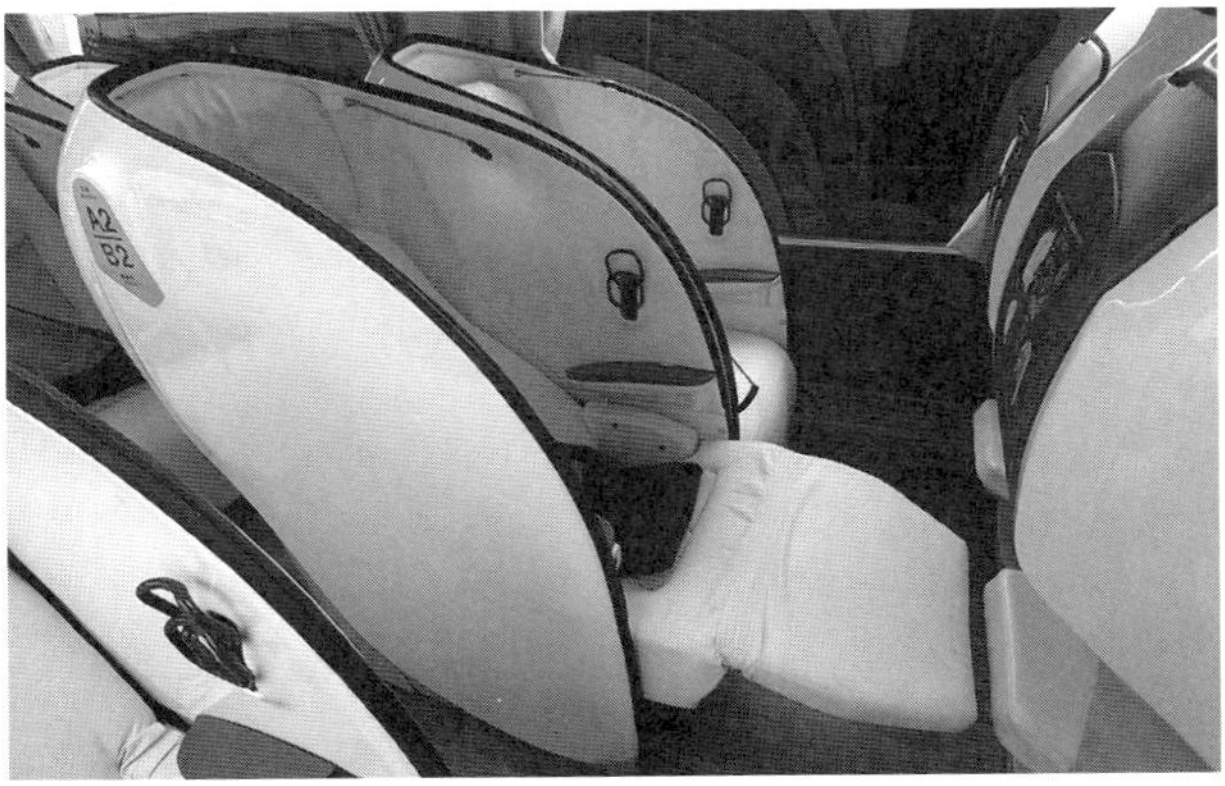

最大156度まで倒れるシェル構造リクライニングシート

このように衰退した原因は、夜行高速バスの充実だと言われています。

その高速バス業界で、昨今、注目を浴びているのがウイラー・エクスプレスです。バスという限られた車内空間を、できるだけ快適に過ごせるようにと、こだわりの座席を開発するとともに、適切な案内やおもてなしを提供するために、乗務員に対する教育も行っているそうです。

さらに、バスにクラスを設けて、経済的な車両から快適性重視の車両まで、予算に応じて設備を選択できるようにしています。「大垣夜行」が普通車とグリーン車しかなかったのに対して、一台単位で運行するバスだけに、よりきめ細かな対応ができることを示しています。

そのウイラー・エクスプレスの名古屋〜東京便に、二〇一七年三月一七日から最新車両が投入されました。「ReBorn（リボーン）」と名づけられたこの新車は、なんとリクライニングシートが最大一五六度まで倒れます。それでいて、後ろの座席の方に気を遣う必要がありません。自席の専有面積内でリクライニングが完結するシェル型を採用しているためです。

飛行機でいえばビジネスクラスに相当する車内に足を踏み入れて、まず驚くのが木目の鮮やかなフローリングです。通路を挟んで三列席ですが、二列側も一列側とまったく同じ一人掛けのシートが並んでいます。その前席背後には木目調の大きなデスクが収納されているため、床や柔らかい照明とあいまって、落ち着いた車内を演出しています。

デスク下をみると、大きくくぼんだ形状になっています。この前席下部のくぼんだ箇所はフットレストとなっていて、レッグレストと連続性のあるフラットな状態にできます。この構造から、

ウイラーなのに、ピンクのバスではない!

一八〇㎝台の長身の人でも体を伸ばすことができるばかりでなく、小柄な女性でも足のかかとが宙に浮くことなく安定し、座り心地が良くできています。

この快適な座り心地の秘密は、大きく二つあるようです。

まずは「電動ゆりかご」と呼ばれる、座面と背ずりを連動してリクライニングさせる構造。もう一つは、こだわりのシート素材を座面に二種類、背ずりにも異なるものを使い、最適化をしているのです。

さらに、シェル構造と呼ばれる貝の殻のような形のシートに体を委ねることで、バス車内でありながらプライベート感を確保できる構造としています。このため、静粛さとあいまって、安心して眠りに就くことができるというわけです。

実際、試乗してみたところ、これまでに経験したことがないほど熟睡ができ、翌日は朝から深夜まで、特に仮眠をとることもなく仕事に没頭することができました。

筆者の場合、若い頃から座席の夜行列車に寝泊まりしてきましたので、割とどこでも寝られるということもありましょうが、長時間の夜行バスは苦痛と思われている方でも、このシートであれば安心して眠り、疲れを取ることができるものと思います。

ウイラー・エクスプレスといえば「ピンクのバス」として知られていますが、なんと、この「リボーン」はキャンディメタリックを基調とした車体色となっています。長年こだわり続けてきたピンクの車体色を変えたところからも、同社がいかに期待しているかが感じられます。

これまで、名古屋~東京間を走るウイラー・エクスプレスの最高峰は、二列席の「COCOON（コクーン）」でした。文字どおり繭に包まれたような形状の独立シートで、通路を挟んで左右各一列を斜めに配置することで一九席を確保しています。リクライニング角度は最大一四〇度です。

一方「リボーン」は一八席で、最大一五六度のリクライニングですから、三列席でありながらいかに余裕を持たせているかが数字からも理解ができます。実際、「コクーン」と乗り比べると、それぞれに長所があるものの「リボーン」の方がより快適に過ごせました。

価格は執筆段階で、日によって七三〇〇〜一一三〇〇円となっています。名古屋〜東京の新幹線「のぞみ」通常期指定席が一一〇九〇円、夏休みなどの繁忙期が一一二九〇円、エクスプレス予約で一〇一一〇円ですから、ほぼ同じ価格帯です。

「リボーン」であれば熟睡できるので、ホテルが不要なうえ早朝から現地で活動ができる点を考えると、利用価値があることが理解できることでしょう。夜行バスは、安さを求める層に加えて、快適さと時間の有効活用の点からも活用する時代になってきたといえましょう。実際、従来の夜行バスの中心年齢が二〇歳台だったのが、「リボーン」では三〇歳台になっているそうです。ビジネス利用が増えていることが感じられます。

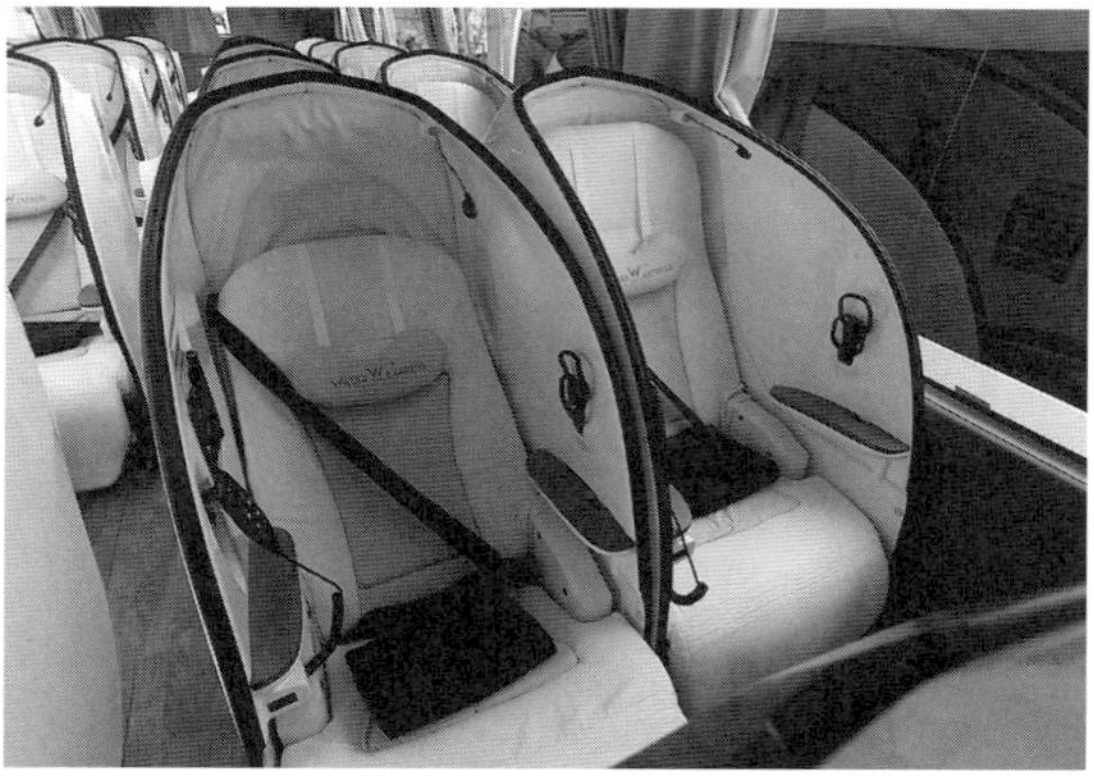

シェル構造の3列シート全18席と、ゆとりの車内

第2章

いま注目を集める名古屋圏の鉄道事情

いまなぜ名古屋圏か

いま、鉄道好きが名古屋圏に熱い視線を送っています。

それは、名古屋圏ならではの鉄道事情があるからで、その要点は、以下に集約されます。

- ▼名古屋駅に東海地方のほぼすべての鉄道網が集まっている
- ▼JR名古屋駅を多様な貨物列車が通過する
- ▼貨物牽引機に国鉄型が生き残っている

これらについて、もう少し詳しく見てみましょう。

日本を代表する都市の中心駅といえば東京駅と大阪駅ですが、どちらも貨物列車が通りません。貨物線が都心を避けて別ルートをとっているからです。また、大阪駅は新幹線も通っていません。同じく、横浜駅も貨物列車・新幹線とも通りません。

京都駅は新幹線も貨物列車も通っていますが、大手私鉄の近鉄は京都線の存在感が薄く、京都での私鉄のイメージである阪急も京阪も京都駅を通っていません。

名古屋圏の鉄道が集まる名古屋駅（左上）

その点、名古屋駅はバイパス線がほとんどなく、名古屋圏の鉄道車両のほぼすべてを名古屋駅周辺で見ることができます。路線で見ると、次の通りです。

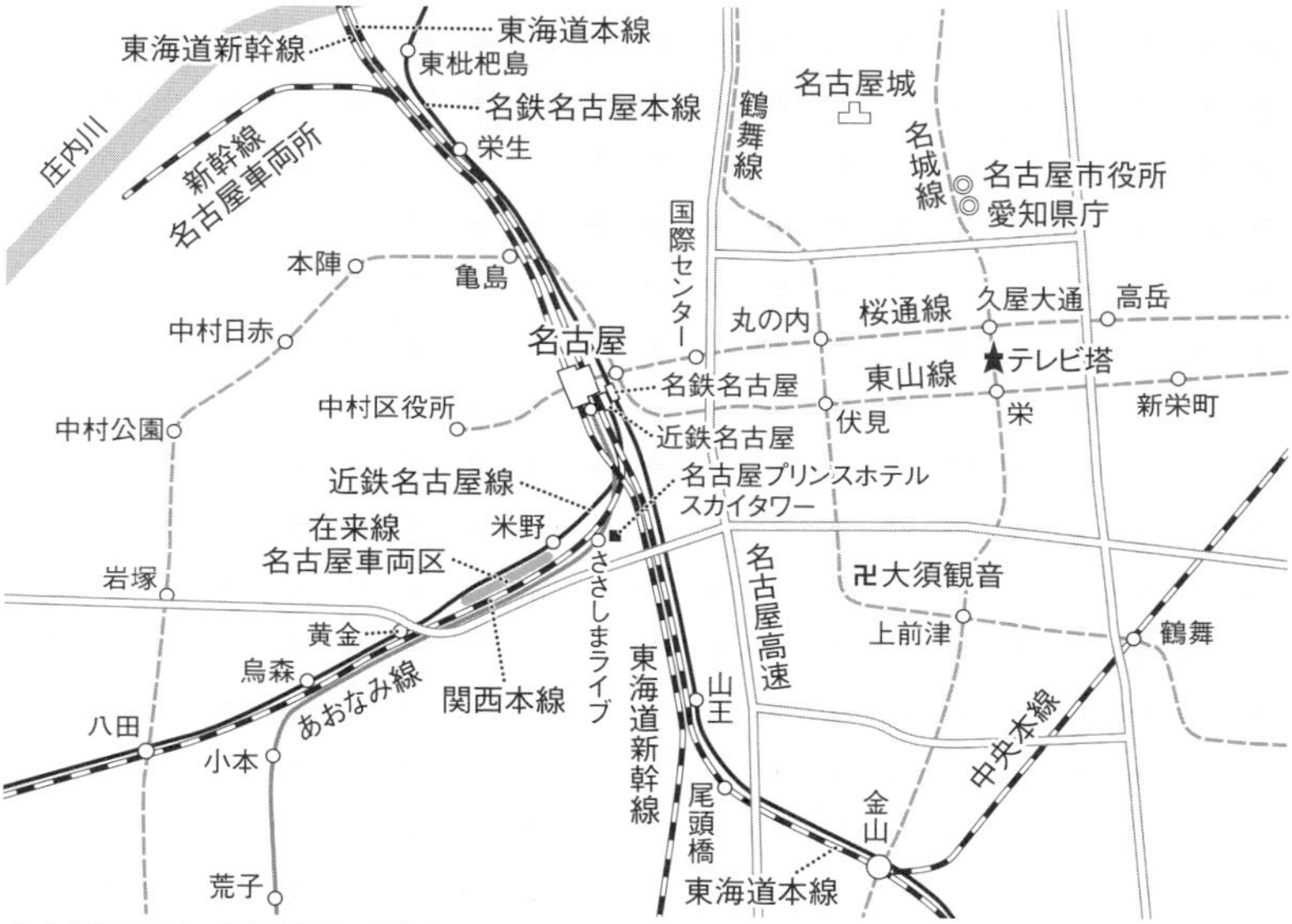

名古屋駅周辺の鉄道線路の様子

▼ＪＲ東海道新幹線
▼ＪＲ東海道本線
▼ＪＲ中央本線
▼ＪＲ関西本線
▼名古屋鉄道（名鉄）名古屋本線
▼近畿日本鉄道（近鉄）名古屋線
▼名古屋市交通局東山線、桜通線
▼名古屋臨海高速鉄道（あおなみ線）

しかも、名古屋駅近くに新幹線の名古屋車両所、在来線の名古屋車両区があります。これらの存在が、名古屋の鉄道ウォッチをより面白くしています。

さらに、ＪＲ貨物の名古屋圏の拠点である愛知機関区は名古屋駅の北に位置する稲沢駅に隣接しているにもかかわらず、名古屋貨物ターミナルは名古屋駅の南に位置するあおなみ線の荒子駅前後にあって、名古屋駅付近で多彩な貨物列車を多数見られる環境を整えています。

これらについて、ここから順に写真を中心にみていきましょう。

ここからご覧いただく第二章の写真は、一部を除いて、日本一のトレインビューを誇る「名古屋プリンスホテル　スカイタワー」の客室から撮影したものです。同ホテルについては、六三ページ以降をご覧ください。

JR東海道新幹線

東海道新幹線は、すべての列車が名古屋駅に停車します。車両はＮ７００ＡとＮ７００系Ａ改造車、それに７００系の三種類です。このうち７００系は二〇二〇年までに全廃されることになっていて、すでに少数派となっています。

一方、次世代の主力車Ｎ７００Ｓの確認試験車が二〇一八年三月に完成し、すでに試験運転も始まっています。

N700A(右)と700系(左)のすれ違い。後方に名鉄バスセンターに出入りするバスが見える

早朝、あおなみ線一番列車の回送と新幹線確認車が行く

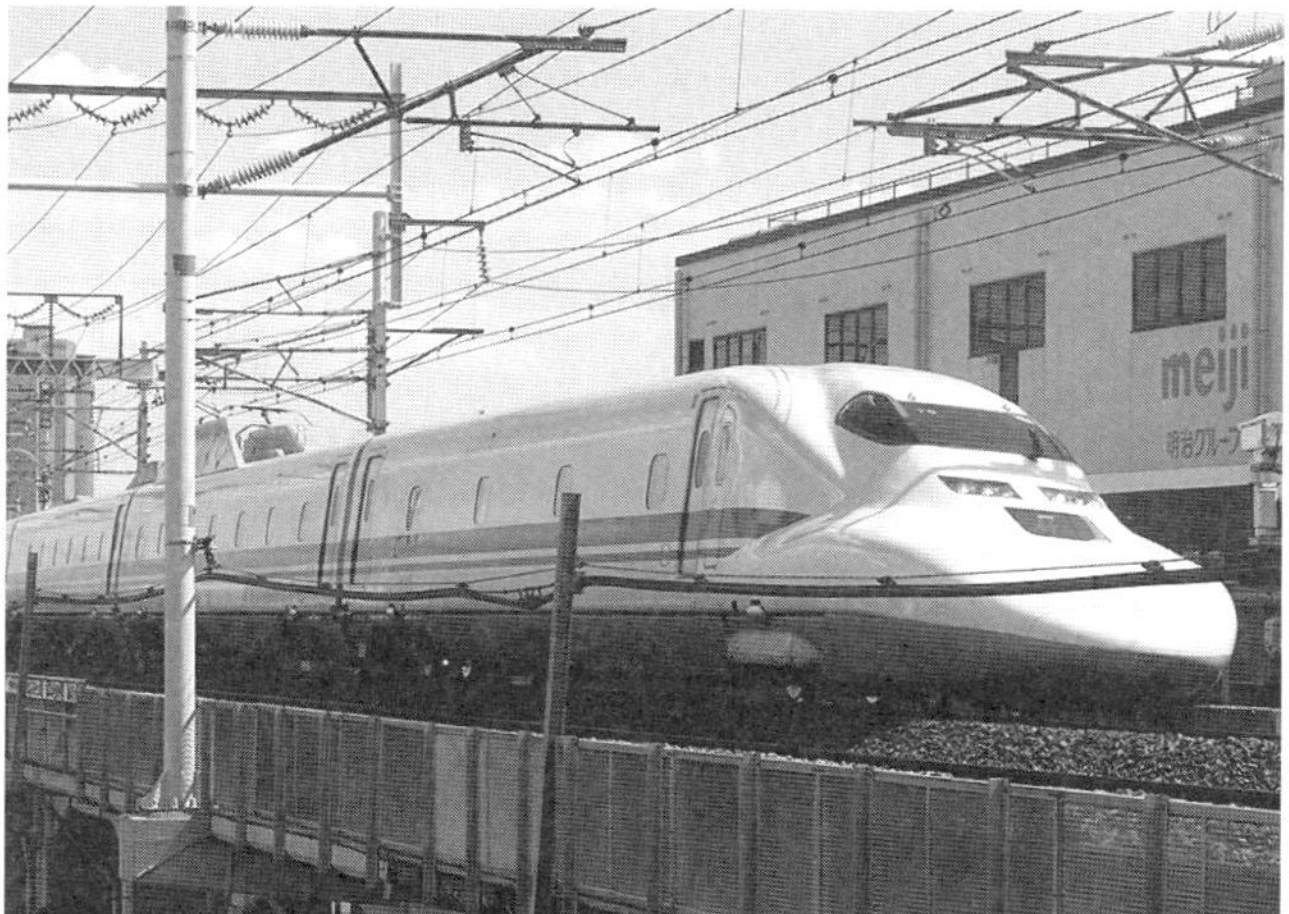

ドクターイエロー

また、毎日、始発前には確認車が走る様子も見られますし、不定期ですが人気のドクターイエローが走る姿が見られることもあります。

ＪＲ東海道本線

東海道本線には、ＪＲ東海の在来線用電車３１３系と３１１系が行き交っています。その間を縫って、高山への特急「ワイドビューひだ」、北陸への特急「しらさぎ」が走っています。「ワイドビューひだ」のキハ８５系は、名古屋駅南側、近鉄名古屋線と関西本線・あおなみ線に挟まれた場所にある名古屋車両区が所属基地となっていて、車両区への出入りも見られます。一方特急「しらさぎ」はＪＲ西日本から乗り入れてくる６８１系、６８３系で、名古屋から豊橋方面に三駅目の熱田駅付近まで回送されて、出発時間まで待機しています。

EF210牽引の“赤ホキ”が名古屋駅を通過

新幹線と名鉄山王駅の間を抜けて走るEF64牽引の“白ホキ”

火木土に走るDE10牽引のキヤ97回送。中央本線211系とすれ違う

このほかに貨物列車も多数通過しますが、なかでも人気なのは、〝赤ホキ〟と〝白ホキ〟です。

〝赤ホキ〟は、大垣の北西にある東海道線の支線の終点美濃赤坂駅で、西濃鉄道が運んでくる石灰石を積んだ赤いホキ２０００とホキ９５００を引き継ぎ、笠寺駅まで運んでいます。笠寺駅では名古屋臨海鉄道に引き渡します。

〝白ホキ〟は、三岐鉄道の東藤原駅から運ばれてくる石灰石由来の生成物、炭酸カルシウムを積んだ白いホキ１０００とホキ１１００を富田駅で引き継ぎ、関西本線で深夜に稲沢まで運びます。その後、東海道本線で早朝に大府まで運び、衣浦臨海鉄道に引き継ぎます。復路は炭酸カルシウムを火力発電所で燃やした後に出る石炭灰（フライアッシュ）を積んで夕刻に稲沢まで戻り、夜になると関西本線に向けて走ります。

このほか、火木土の週三回、レール運搬車キヤ９７が午前中にＪＲ貨物のＤＥ１０に牽引されて稲沢から名古屋駅を通過し、名古屋港線の名古屋港駅まで運ばれます。折返し、午後に名古屋駅まで戻り、レール取り換え予定の場所まで回送されます。

JR中央本線

東海道本線と同じく313系が走っていますが、なかに8000番台というもと座席指定制快速列車「セントラルライナー」に使用していた車両も入ってきます。また、JR発足直後に新製した211系もやってきます。特急「ワイドビューしなの」は、383系振子制御車です。

貨物列車は、愛知機関区に集中配置されている国鉄型のEF64形が牽引していて、これまた人気です。

313系8000番台（手前）の後方には313系と211系併結の中央線列車。左は名鉄パノラマスーパー

JR関西本線

亀山まで電化されているため、中央本線と同じく313系と211系が走っています。さらに、伊勢線経由で鳥羽まで行く快速「みえ」キハ75系、特急「ワイドビュー南紀」キハ85系もやってきます。

貨物列車では、前述の〝白ホキ〟とともに、四日市で生成される石油を運ぶタンク車が走っていて、これらは国鉄型のDD51か北海道からやってきたDF200が牽引します。DD51は国鉄時代に大量に製造された優秀なディーゼル機関車ですが、老朽化から定期列車を牽引するのは今やここ関西本線だけです。さらに、二〇一八年になって北海道からやってきたDF

名古屋車両区の左端を行く関西本線313系普通列車。車両区は右からキヤ95、快速「みえ」用キハ75、特急「ひだ・南紀」用キハ85が3編成

200が代替機として投入されて世代交代を進めようとしていることから、ますます全国から注目されているのです。

なお、関西本線の貨物列車は、名古屋車両区に隣接する笹島信号場までは、あおなみ線を走ります。

上: DF200進出により、いつまで見られるか心配なDD51重連

下: DD51の後継として運用に入ったDF200

名古屋臨海高速鉄道（あおなみ線）

名古屋貨物ターミナルへの貨物線として造られた路線を金城ふ頭まで延長して、二〇〇四年から旅客扱いをはじめた路線です。そのため、前述のとおり、貨物列車が頻繁に行き交っていて、関西本線の貨物列車も名古屋駅から一駅間はこのあおなみ線を走ります。

あおなみ線は１０００形という車両で統一されていますが、貨物列車の牽引機はＥＦ２１０、ＥＦ６４、ＥＦ６６、ＥＦ５１０、それに関西本線へのＤＤ５１、ＤＦ２００と多彩です。

あおなみ線1000形（中央）の右は名古屋車両区から出庫した313系、その右は関西本線の313系、右上は東海道本線の313系、左端は近鉄アーバンライナー

JR名古屋車両所回送線

名古屋車両所は名古屋駅発着の新幹線車両のための基地で、日比津と呼ばれるところに位置します。名古屋駅の新大阪方すぐのところで分岐して、三㎞ほど先までの回送線を通ります。日中でも、名古屋駅進入を待つ名古屋始発の「こだま」用編成が高架上に停まっているところをよく見かけます。

名古屋車両所への回送線に停車中の新幹線。後方に本線を走る新幹線も見える

ＪＲ名古屋車両区

近鉄米野駅に隣接する地から次の黄金駅あたりまで続くＪＲ東海の気動車用車両基地で、紀勢線・参宮線用の気動車が所属しているほか、ドクター東海と呼ばれるドクターイエローの在来線版キヤ９５や、レール運搬車キヤ９７も所属しているので、これらが留置されているところをよく見かけます。

また、一部が電化されていて、電車の留置も見られることがあります。

名古屋車両区の全景を見下ろす。左下にあおなみ線を走る貨物列車、右に近鉄アーバンライナーが走っている

名古屋鉄道（名鉄）
名古屋本線

名古屋圏で唯一の大手私鉄として知られている名古屋鉄道は、地元で名鉄と呼ばれ親しまれています。

名鉄名古屋駅は地下にありますが、駅を離れた南北で地上にでて、東海道本線と並走します。複線の名古屋本線と、複線の犬山線・常滑線が名古屋駅の南北で合流しながら、金山～名鉄名古屋～枇杷島分岐点間は複線なので、名鉄名古屋駅付近は日本一列車本数が多いところとなっています。

やってくるのは、空港特急「ミュースカイ」や前面展望席付きの「パノラマスーパー」をはじめ、名鉄に所属するほとんどの車種です。

地下の名鉄名古屋駅から地上に出てきた空港特急「ミュースカイ」。手前を走っているのは新幹線

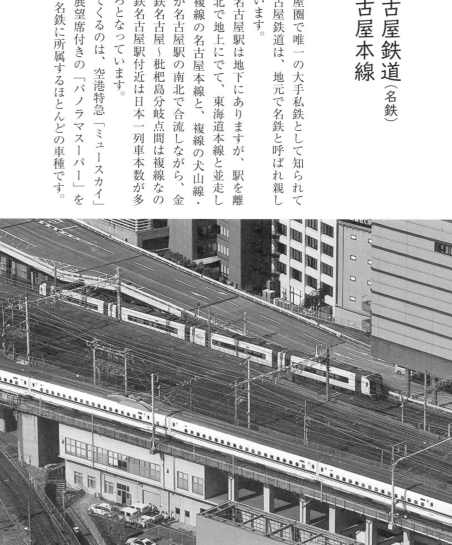

近畿日本鉄道（近鉄）名古屋線

地下の近鉄名古屋駅から地上に出てきた「しまかぜ」

関西資本の近鉄ですが、名古屋線で名古屋に乗り入れて、三重県北部の通勤通学列車はもとより、大阪難波への名阪特急、伊勢志摩への名伊特急など一〇〇km以上も走る長距離列車を走らせています。近鉄名古屋駅は名鉄名古屋駅に隣接した地下にありますが、発車後すぐに地上に出て、名古屋車両区の北側を通ります。

主だった列車としては、賢島行の「しまかぜ」「伊勢志摩ライナー」、大阪難波行の「アーバンライナー」などがあります。

伊勢志摩への近鉄特急はJR東海の快速「みえ」と競合していて、名古屋駅近辺では並走することもあります。その先、桑名・津・松阪・伊勢市・鳥羽の各駅は同じところに駅があります。

名古屋市交通局
東山線、桜通線

名古屋都心部の栄地区や、人気住宅街が広がる東山方面と名古屋駅を結ぶ地下鉄は、東山線と桜通線の二本あります。地下鉄ですので地上からは見えませんが、名古屋市民に便利に利用されている市内交通です。

名古屋市交通局東山線の列車

日本一のトレインビュー

二〇一七年一〇月二日にオープンした名古屋プリンスホテル　スカイタワーは、同七～八日にまちびらきが行われたささしまライブの複合施設「グローバルゲート」の高層階にあります。あおなみ線ささしまライブ駅からすぐのところにある、ホテル専用エレベーターを利用した三一階がフロントです。客室は三二階～三六階ですが、真四角の建物の周囲を客室としているため、全客室からトレインビューが楽しめます。

このビルの上層階に名古屋プリンスホテル スカイタワーがある

　縁あって同ホテルの客室からトレインビューを見る機会があったのですが、最初にみた瞬間、目が釘付けになりました。これまでにトレインビューホテルにそこそこ泊まっていて、著書も出している筆者ですが、これほどのトレインビューは初めて見たからでした。

特に北に位置する名古屋駅方向は圧巻で、この章の冒頭に入れた写真のような景観です。夜景も素晴らしいため、こちらは巻頭のカラーグラビアで紹介しています。また、遠くには新幹線名古屋車両所への回送線も遠望できます。

南に向いた部屋は、東海道新幹線・中央本線・東海道本線・名鉄名古屋本線が名古屋駅から名鉄山王駅付近まで二㎞ほど並走している様を見られるうえに、新幹線はその先にある六番町のアーチ橋あたりまで見られます。

西に向いた部屋は、すぐ下に名古屋車両区があって、気動車が留置されたり入換をしている様子を見られ、車両区の遠い側には車両の向きを変える転車台があることも視認できます。その右手には近鉄名古屋線が走り、左手には関西本線、続いてあおなみ線があるため、こちらも次々に列車が行き来する様子が楽しめます。
このような立地ですので、この章に使用した写真は、ほぼすべてが同ホテルのご協力のもとに、客室から撮ったものとなっています。前述の通り巻頭のカラーページには、このホテル客室から撮影した各方面の夜景も掲載しました。併せてお楽しみください。
これらの写真をご覧いただくと、日本一のトレインビューと記した意味がご理解いただけるものと思います。
同ホテルによると、開業以来、宿泊者の三割程度は愛知県民なのだそうです。遠方から名古屋に用があって泊まる人はもちろんのこと、休日にゆっくりとホテルライフを楽しむために泊まる人も多い、そんなホテ

名古屋駅側のプレミアムコーナールームからの眺め。左側の高層ビル群が名古屋駅周辺

ルです。

三一階にあるスカイダイニング天空も、クラブラウンジも、もちろん同じように名古屋の景色を見渡せます。おいしい料理を食べて、アルコールを傾けながらトレインビューを楽しむひとときはいかがでしょうか。

南に向いた部屋からのトレインビュー

西向きの部屋からの夜景。名古屋車両区が特に明るい

第3章

愛知県と
近隣の廃線跡

東山動植物園に残るモノレールの謎

東山動植物園は人気スポットですが、その一角にモノレールの車体がひっそりと保存されていることは意外と知られていません。

まして、そのモノレールが、同園内を走っていたことを知っているのは、筆者のように五〇歳以上の方であろうと思います。それもそのはず、一九六四（昭和三九）年二月八日に営業を開始したものの、一九七四年一二月一八日に廃止となっているのです。

路線は、正門に近い動物園駅から、車体が保存されている植物園駅までのわずか四七一mでした。サフェージュ式と呼ばれる日本初の方式による実用化路線で、その後にできた湘南モノレールに採用され、さらに千葉都市モノレールでも同方式が採用されています。

では、そんな試験的な路線が、なぜ東山動植物園に

東山動植物園の片隅で保存されているモノレール

あったのでしょう？　それは、昭和三〇年代に都市部ではすでにモータリゼーションがはじまっていて、将来の都市交通として、路面電車に代わる輸送手段が必要と考えられていました。その際に、最有力とみられていたのがモノレールだったのです。ところが、道路は道路交通に使用すべきとする建設省との調整がうまくつかないなどの理由で、実際の都市モノレールの普及は一九八五（昭和六〇）年の北九州モノレールを待つことになります。

その間に地下鉄路線網が充実し、大都市でのモノレール建設は実現しなかったのでした。

瀬戸電の記憶をたどる瀬戸蔵ミュージアム

名鉄瀬戸線の終点・尾張瀬戸駅から約三〇〇mのところに、「瀬戸蔵」という瀬戸焼に関する展示場を兼ねた拠点施設があります。その中に「瀬戸蔵ミュージアム」があり、かつての尾張瀬戸駅が再現されています。旧駅舎を一割ほど小ぶりにしたとのことですが、忠実に再現されていて、柱や壁などをじっくりと観察することができます。駅舎内の時刻表や発車案内、改札口なども再現されていて、改札口の先には電車が…。

バリアフリーのため、ミュージアムの床をプラットホームとしているため、電車は床から下がった位置に置いてあります。この電車は、一九二八（昭和三）年からその翌年にかけて一〇両が製造されたモ750形のうちの一両モ754です。もともと、新名古屋～新岐阜間を走っていました。しかし、直流六〇〇Vから一五〇〇Vに昇圧するとして小牧線・広見線に転属、さらに一九六四年に瀬戸線に転線したのですが、その瀬戸線も栄町乗り入れに際して昇圧されることになり、一九七三年に揖斐・谷汲線に転出します。同地で永らく活躍したのですが、二〇〇一（平成一三）年に黒野駅以遠が廃止になると同時に廃車となりました。

その際、瀬戸線ゆかりの車両として、瀬戸蔵ミュージアムが保存したのです。展示スペースの関係で車体

車体前部だけ静態保存されているモ754

は半分にカットされていますが、車内に鏡をつけて一車まるごと保存しているかのような見せ方など、展示方法がよく考えられています。それも、旧尾張瀬戸駅舎とセットでの展示ですから、嬉しいですよね。さらに、プラットホームの傍らには、旧尾張瀬戸駅で使用していた本物の木製ベンチも置いてあり、座り心地を確認することもできます。

名鉄「北アルプス」号が通った名鉄～JR短絡線のいま

名鉄の特急「北アルプス」を覚えていますか？

一九六五（昭和四〇）年八月五日に準急「たかやま」号として、名鉄の神宮前駅から国鉄（現・JR）の高山駅へと直通運転を始めた列車で、神宮前駅から新名古屋駅（現・名鉄名古屋駅）を経て犬山線を走り、鵜沼で国鉄高山本線に乗り入れていました。翌一九六六年三月五日に急行に格上げとなり、同一二月一日から飛騨古川駅までの延長運転をはじめます。

一九七〇年七月一五日から、高山本線を富山駅まで走り通し、さらに富山地方鉄道に乗り入れて立山駅までの直通運転を始めました。そこで、列車名が急行「北アルプス」に変わります。三〇〇km近くの営業距離と、名鉄～国鉄～富山地方鉄道という三社連絡が売りの人気列車でした。

この列車が、名鉄から国鉄へと乗り入れる際には、鵜沼駅東側にある短絡線を使っていました。もともと貨物輸送や名鉄の車両搬入に使用していた線路ですが、定期旅客営業をしたのは準急「たかやま」号以降です。

一九七六（昭和五一）年一〇月一日には特急に昇格しましたが、富山地方鉄道への乗り入れは一九八三年で終わり、一九九〇（平成二）年には運転区間が神宮前～高山間に縮小されました。さらに、二〇〇一年九月三〇日をもって廃止となりました。その結果、鵜沼の短絡線は不要となったのです。

それからしばらくは、線路跡がそのまま残っていた

左が新鵜沼駅。右カーブしているのが、道路となった短絡線跡

のですが、ＪＲ高山線に近い側は次第に整地され、やがて分譲住宅の販売が始まりました。この高山線との合流点近くは、かつて貨車の入替のために電化された線路があり、その南側には工場が広い敷地をもっていました。その線路は撤去され、工場もなくなり、いまは住宅地となったのです。このため、分譲地の販売会社を見ると、廃線跡は名鉄系の企業で、道を隔てた反対側は鉄道系ではない企業となっています。

さらに、二〇一一年初め頃には、しばらく放置されていた名鉄犬山線に近い側のレールも撤去されました。「北アルプス」廃止から一〇年も経ってのレール撤去になにか変化がありそうと思っていると、みるみるうちに整備され、やがて道路となり、二〇一三年六月にその道路の供用が始まりました。名鉄犬山線の列車が新鵜沼駅に到着する直前で、同線から分岐して右カーブし、住宅地の中を走っていた区間です。これほど判りやすく、かつ歩きやすい廃線跡があるのかと思うほど、きれいに右カーブしています。

名鉄新鵜沼駅とＪＲ鵜沼駅は、いま、写真に写っている「鵜沼空中歩道」で結ばれています。その名鉄新鵜沼駅東口を出ると、すぐにこの廃線跡を利用した道路にアクセスできるようになっています。近くに行く機会があったら、寄ってみてはいかがでしょうか？

名鉄広見線が犬山口駅起点だった頃の痕跡

犬山付近の路線図は、名鉄資料館が保存している一九四三（昭和一八）年の沿線案内図の一部を拡大したものです。四角の線は追記したものですが、「東犬山」という今はない駅が記されています。それも、同駅で小牧線と広見線が交差しています。なんだか変ですよね？　でも、戦時中とはいえ沿線案内ですから、間違って記載していることは考えにくいです。

そこで、もう一度見直すと、広見線の起点が犬山口になっていることが原因だということに気付きます。そうです、広見線はもともと犬山口起点で造られたの

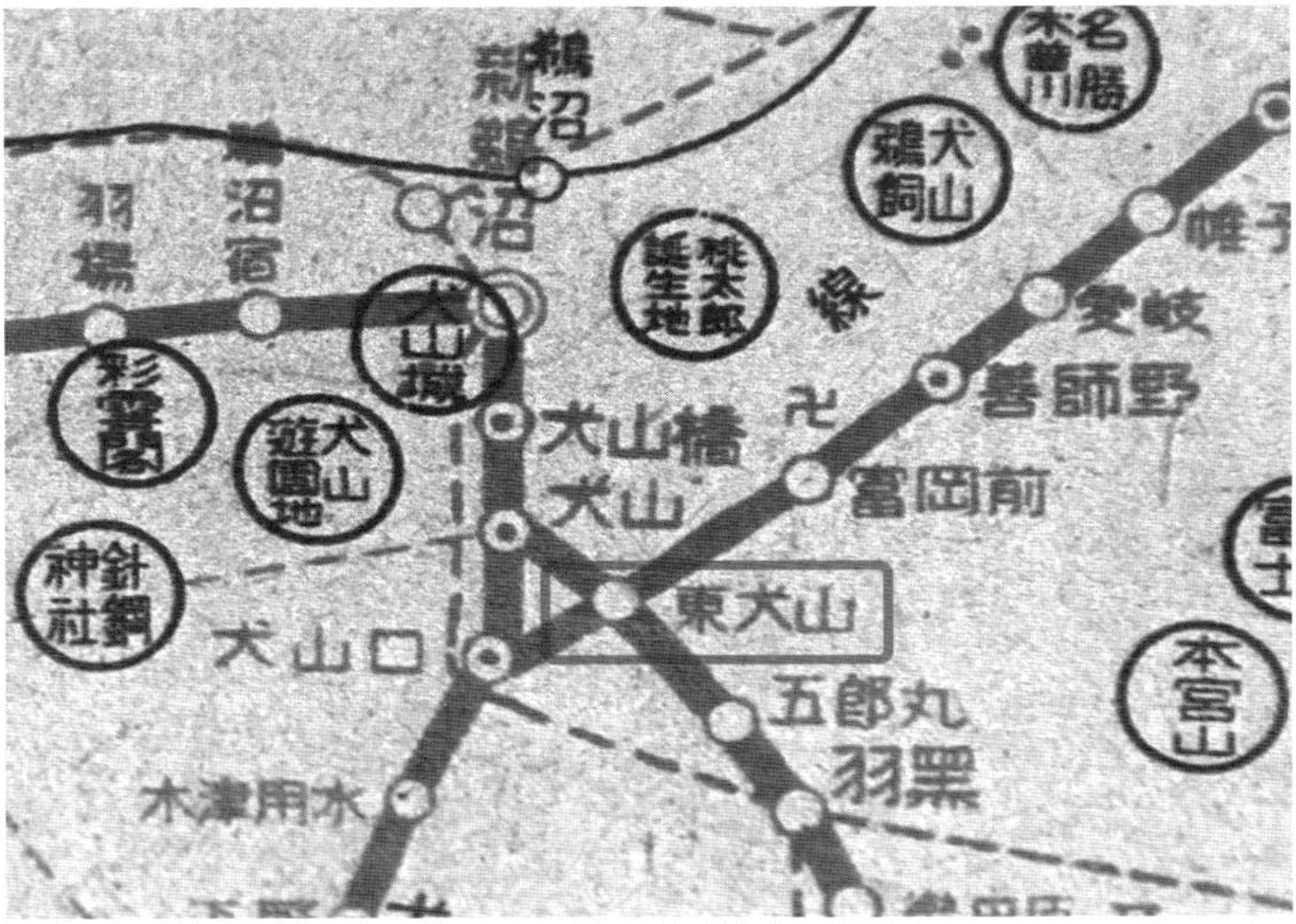

名鉄広見線が犬山口起点だったことを示す路線図（名鉄資料館提供）

でした。いまでこそ準急と普通列車しか停まらない犬山口駅ですが、かつては広見線分岐駅として利用者の多い駅だったのです。

広見線の犬山口〜今渡（現・日本ライン今渡）間が開業したのは一九二五（大正一四）年のことで、当時、小牧線はありませんでした。小牧線は、一九三一（昭和六）年に開業しています。その小牧線は犬山駅を起点としたため、広見線と平面交差をしていました。その位置に、小牧線開業と同時に東犬山駅を開設したのでした。

広見線が犬山駅を起点とするようになったのは、戦後となる一九四六年のことです。同時に、東犬山駅も廃止となっています。つまり、東犬山駅は広見線と小牧線の乗換駅だったことがわかります。同時に、同駅は二線が平面交差をするための信号場の役割も果たしていたものと思われます。

このほか、広見線には愛岐・帷子《かたびら》の駅名が見えます。これらは、一九六九年に春里駅と統合して西可児駅となりました。また、左下に半分切れた「下野」の文字が見えますが、これは一九四八年に駅名改称して扶桑

犬山口駅の犬山駅側にある高架道路の橋台は、広見線跡に沿っている

駅となっています。

では、広見線が犬山口を起点としていた頃の廃線跡は、いまどうなっているのでしょう。まずは、犬山口の犬山方面ホームに行ってみます。

同ホームの一番犬山駅寄りに行くと、左にカーブする犬山線の上に高架道路が見えます。かつての国道四一号線で、いまは県道となっている道です。この高架道路の橋台をみると、線路から少し離れ、さらに線路とはかなり違う角度に建っていることが見て取れます。いまは、この先が見づらくなっていますが、一〇年ほど前までは高架道路の反対側からこの橋台を見ると、そこには直線の空き地があり、その空き地を真っ直ぐに進むと犬山口のホーム端につながっていました。

つまりこの橋台は、広見線が犬山口起点だった頃に建てられ、広見線の線路に沿った位置に建っているわけです。写真で見て判るとおり、橋台のコンクリートは比較的新しいですが、これは橋台改修時に元の橋台を利用したためと思われます。

広見線が犬山口を起点としていた頃の廃線跡は、いまではかなり判りにくくなっています。しかし、廃線跡歩きをある程度している方であれば、前述の高架道路の橋台の角度から、ある程度あたりをつけることができると思います。

その延長上にいくと、名鉄犬山変電所があります。少しわかりにくい場所になりますが、犬山口～犬山間に二つある踏切のうち、犬山口側の踏切を渡り、続いて渡る小牧線の踏切のすぐ南東です。この変電所の東側の道を隔てて、やはり名鉄系の電力関係の施設があるのですが、いずれも付近の道に対して斜めになっています。そうです、この斜めの土地こそが広見線の廃線跡です。

変電所から東側はもう廃線跡の痕跡を止めていませんが、犬山口駅から犬山変電所までは、このように今もはっきりと廃線跡がわかります。その様子は、Googleなどで見られる航空写真でもはっきりと判りますので、興味のある方は一度見てみて下さいね。

名古屋市電の記憶を追って

名古屋市電が廃止されたのは、一九七四（昭和四九）年四月一日のことでした。営業運転は同三月三〇日で終わり、運転最終日となった三月三一日は一〇時から一五時まで無料で乗車できるお名残乗車用の運転を行って、有終の美を飾ったのでした。

いまも、道路はさほど変わっていないものの…

今池交差点を南北に走っていた、最後の運転区間の一部

廃止を間近に控えた三月に、今池の交差点北側にある歩道橋から撮った写真があります。道路を走る車が、さすがに現代の車とは違うデザインであることを感じます。また、交差点の信号機はゼブラ塗装の遮光板で囲まれていたのも、懐かしいですね。背後にあるショッピングセンターや銀行も、いまや変わっています。

しかし、道路の曲がり具合は全く同じで、市電が走っていた軌道敷きは車が走っています。

レトロでんしゃ館に保存されている名古屋市電

名古屋市電の車両は何カ所かに保存されています。その中でも、見ておきたいのは地下鉄鶴舞線赤池駅から徒歩約七分の位置にある「レトロでんしゃ館」でしょう。名古屋市交通局日進工場の一角にある施設で、休館日となる水曜日を除いて、毎日一〇～一六時に無料開放されています。

名古屋市電を代表する１４００型、２０００型、３０００型の三両とともに、「黄い電」の愛称で親しまれた地下鉄東山線の初代１００形電車も保存されています。

神岡鉄道の廃線跡を活用したレールマウンテンバイク

岐阜県の北部、富山県境に近いところにある神岡は、鉱山で栄えた町です。その掘削した地下空間を、宇宙素粒子（ニュートリノ）の研究に活用するスーパーカミオカンデがあることでも知られています。その神岡鉱山へ、かつて鉄道が敷かれていました。鉱石を運ぶための鉄道で、専用狭軌鉄道ではじまり、国鉄神岡線ができ、後に第三セクター鉄道の神岡鉄道となりました。しかし、近年輸送していた硫酸がトラック輸送となったため、二〇〇六（平成一八）年一一月末をもって廃止されました。

その廃線跡のうち、神岡の町に近い旧奥飛騨温泉口駅～旧神岡鉱山前駅間二・九kmを、いまレールマウンテンバイク〝Gatton Go!!〟で走ることができます。「レールマウンテンバイク」とは、マウンテンバイクを二台合わせて、レール上を走ることができるように改造した乗り物です。ですから、健康な方であれば誰でも〝運転〟することができます。また、お子様やお年寄りなどと家族連れで乗ることができるトロッコもあります。

走り出してみると意外に軽やかで、一般道を自転車で走るような脚力で十分です。本物の鉄道線だったところを走るので、レールの継ぎ目ではガッタン・ゴッ

さわやかな風を受けて楽しめるレールマウンテンバイク

トンと音がして、なぜか嬉しくなります。さらに、周りは木々に囲まれたところが多く、空気も新鮮です。こんなに爽快感が味わえるんだ！　というのが、正直な第一印象でした。

途中には二つの駅跡と、二つのトンネルがあります。ホームを見上げるようにして進み、トンネル内では前照灯を頼りに進みます。周りは真っ暗ですが、線路があるのでハンドル操作は不要。前後を走るマウンテンバイクに気をつけていれば、あとはペダルを漕ぐだけです。夏場だと、このトンネル内が涼しくてこれまた快適です。

折り返し地点となる旧神岡鉱山前駅への進入時にも、楽しみがあります。ポイントを割って旧ホームから離れた側線に入っていくのです。ポイントを通過する度に、ガクッ、ガクッと横揺れがするのも楽しい体験です。神岡鉄道の時代にホームから眺めていた側線上に立ち、逆にホームを眺めるのも新鮮な気持ちです。

折り返し地点では係の方が待機していて、到着順にレールマウンテンバイクを線路から〝陸揚げ〟してくれます。その回の全員が到着すると、来たときと同じ順番で再びレールマウンテンバイクを線路に戻してくれますので、順次帰路につきます。

レールマウンテンバイクは、毎年四月上旬から一一月下旬までの水曜日を除く毎日の営業です。午前九時発から一時間ごとの発車で四回、昼食を挟んだ午後は一三時三〇分から一時間ごとの発車で四回ですが、初便と午後最後の二便は実施しない日もあります。予約は電話（０９０－７０２０－５８５２）で行い、各便の出発一五分前までに受付を済ませて、ガイダンスをうけたあとの乗車となります。

受付のある旧奥飛騨温泉口駅は、鉄道が廃止となったため車でのアクセスが便利ですが、飛騨古川や富山からの濃飛バスが神岡を通りますので、下車後に徒歩もしくはタクシーで行くこともできます。奥飛騨温泉郷での一泊と組み合わせての訪問がお勧めですよ。また、濃飛バスではバス・タクシーとセットにした日帰りツアーを扱っていますので、これであれば、高山駅前の濃飛バスセンター発着で足の確保を心配しなくてよくなっています。

さらに、上級バージョンとして二〇一八年から「渓谷コース」ができました。旧漆山駅を出発して二ツ屋トンネルまでの約三・三㎞です。こちらは車でアクセスできる方向けですが、渓谷美をより楽しめるコースとなっています。

浜松城下に残る廃線跡

浜松城は、家康が長く滞在したところとして知られていますが、その浜松城のすぐ北側に廃線跡があることをご存じでしょうか。遠州鉄道奥山線の廃線跡です。

一九一四（大正三）年一一月三〇日に浜松軽便鉄道として元城～金指《かなさし》間が開業し、その後、南は浜松の市街地へ、北は奥山まで延伸し、遠州鉄道の一員となったうえで一九六四（昭和三九）年一一月一日に廃止されました。

元城は浜松市内で、いま遠州鉄道グループのホテル

浜松城下に残る旧奥山線の亀山トンネル

コンコルドが建っている場所です。そこから浜松城公園の北縁に沿って続く道が廃線跡ですが、国道二五七号線の下を亀山トンネルで抜けています。奥山線に唯一あったトンネルで、当時は広沢トンネルと呼ばれていたようです。写真のとおりレンガ積みで、断面が馬蹄形をしているなど、鉄道トンネルらしい造りです。その入口付近には、かつての奥山線の写真なども掲げられています。

トンネルの先も廃線跡が遊歩道として整備されていて、トンネルを出て右カーブするあたりが広沢駅跡となっています。同地には、記念のレリーフが建てられています。

最初に開通した区間の北端・金指には天竜浜名湖鉄道の駅がありますが、奥山線が開通したあとになって、官営鉄道（のちの国鉄）二俣線として開業しました。東海道本線が浜名湖と太平洋の接する付近を鉄橋で渡っているため、万一、艦砲射撃で鉄橋が使えなくなった場合のバイパス線の位置づけで開通した線です。

奥山線は金指～気賀口間で二俣線と並行していました。しかし、その前後は南北方向に敷かれた路線で、二俣線は東西を結ぶ路線ですので、どこかで交差することになります。

奥山線の奥山方面への延伸は一九二三（大正一二）年ですが、二俣線の開通は一九三八（昭和一三）年ですから、常識的には二俣線が奥山線をオーバークロスするところです。しかし、実際には官営鉄道の権威により、奥山線が新設される二俣線をオーバークロスすることになり

天竜浜名湖鉄道の線路上に残る奥山線の跨線橋跡

ました。その際に造られたコンクリート橋梁が、いまも天竜浜名湖鉄道の金指駅西方に残っています。前述の亀山トンネルとともに、もっとも判りやすい奥山線の遺構です。

別項で記す尾小屋鉄道のキハ3は、かつて奥山線でキハ1803として活躍していた気動車です。しかも、いまも動態で保存されています。奥山線の廃線跡をみたら、そこを走っていた車両として、福井県の尾小屋まで運転日に足を伸ばしてみるのも一考でしょう。

岡崎市内に先駆的〝BRT〟バス路線があった！

東日本大震災により不通となっているJR東日本の鉄道線のうち、気仙沼線と大船渡線の一部では、BRTと呼ばれるバスを使った運転再開が行われています。被害がなかったり軽微だった線路を舗装してバス専用道とし、被害の大きかったところは一般道を迂回するものです。

BRTとはBus Rapid Transitの略で、「バス高速輸送システム」と和訳されます。一般的にBRTは、都市部で路線バスが渋滞に巻き込まれることを避ける目的で計画されます。名古屋市では早くから基幹バスが走り、名古屋ガイドウェイバスも走っていますが、これらはBRTの一種と考えられています。それと比べると、気仙沼線や大船渡線で行われているBRTはローカル輸送ですので、世界的に見ると特殊な形態といえましょう。ところが、同じく線路跡を利用したBRTの大先輩が、愛知県に近年まであったのです。

JR岡崎駅前から福岡町までの二・五㎞で、かつて岡崎市内にあった名鉄岡崎市内線という路面電車の福岡線廃線跡を利用しています。途中に柱町・東若松・西若松という三つのバス停がありますが、すべて福岡線時代にあった電停跡です。廃線になったのは一九六二（昭和三七）年のことで、バス専用道化してから半世紀以上走っていました。

ところで、この福岡線は戦時中に休止となりレール

岡崎市内のバス専用道を走る名鉄バス

が撤去された路線で、復活したのは一九五一年のことでした。つまり、沿線の方にとっては、戦時中の不便を解消することができたと思ったら、わずか一〇年で廃線の話が出てきたわけです。復活に際しては地元も工事費を負担しているため、さすがにすぐに承諾するはずもありません。結果として、廃線跡をバス専用道とすることで利便性を確保するという条件で折り合ったのでした。つまり、JR東日本より半世紀以上も前に、線路敷をBRT化しているのです。それも、一〇〜二〇分に一本の運転本数を確保していました。

いかにも廃線跡といった風情のバス専用道は、緩やかなカーブがあり、急な坂がない道です。道幅はバス一台が通れるだけのもので、単線の廃線跡らしく、とてもセンターラインを敷けるような広さではありません。そのため、ところどころに広い場所があり、バス同士がすれ違えるようになっていました。

永らく活用されていた福岡バス専用道ですが、二〇一六年四月一日から一般道経由となってしまいました。これは、廃線跡を下水道整備に活用することになったためだということです。

第4章

愛知県と近隣の保存車両たち

この章では、愛知県を中心に、東海・北陸で保存されている鉄道車両たちを紹介していきます。いずれも、個人的に行っても家族連れで行っても楽しいところです。休日のお出かけ先の参考にしてください。

愛知こどもの国で走る本物のSL

愛知県では、本物の蒸気機関車が二箇所で走っていることをご存じでしょうか。

一箇所は犬山市の明治村で、もう一箇所は、西尾市東幡豆町にある愛知こどもの国です。愛知こどもの国は、愛知県政一〇〇年を記念して一九七四（昭和四九）年一〇月に開園した、広くて緑豊かな公園施設です。長らく愛知県直営でしたが、二〇一四年四月からは指定管理者制度により、地元のNPO法人「フロンティア西尾」が運営しています。

この愛知こどもの国では、開園当時から二両の本物の蒸気機関車が園内を走っています。明治村で蒸気機関車が運転を始めたのは一九七四年三月なので、そのほぼ半年後に愛知こどもの国でも蒸気機関車が走りはじめたわけです。国鉄の現役蒸気機関車が全廃になったのは一九七六年三月のことで、それ以前からこの二箇所で走っているのです。また、蒸気機関車の本線運転の老舗として知られる大井川鐵道ですが、いまに続く大井川本線の「SLかわね路号」の運転開始は一九七六年七月ですから、明治村や愛知こどもの国はそれより二年も前に走りはじめていたわけです。国鉄が初めて保存のための蒸気機関車列車として走らせ始めたSL「やまぐち」号は、さらに後年となる一九七九年八月のことでした。こうしてみると、愛知県は日本の動態保存鉄道の先進県と言えるでしょう。

ところで、明治村も大井川鐵道も、ともに現役を引退した蒸気機関車を動態復活させましたが、愛知こどもの国では新製しました。当時、最新の国産蒸気機関車として話題になったものです。その製造からすでに四〇年以上が経っていますので、さすがに問題がないはずがありません。

現に、二両のうちB12「しおかぜ」は、指定管理者制度になる前にボイラーが故障してしまい、走れなくなりました。残るB11「まつかぜ」を、土休日だけの運転にして使い続けましたが、予備機が無い状態では継続しての運転が難しくなっていきます。この先も運転を続けるためには、まずB12「しおかぜ」を現役に復帰させたいところですが、ボイラー修繕費は合計で三七二万円を要するということです。蒸気機関車のボイラー修理にしては安く感じますが、万年赤字だった愛知こどもの国の運営を請け負ったNPO法人にとっては、決して安い額ではありません。

そこで、近年注目されている「クラウドファンディング」を活用して、修繕費を募ることにしました。「クラウドファンディング」とは、共感してもらえる不特定多数の人をインターネットで募り、資金を集める仕組みです。この試みが成功して、目標三七〇万円のところ、一三七人から計五六五万五〇〇〇円も集まりました。筆者もわずかながらですが支援をしました。この結果、ボイラーの修繕費だけでなく、今後の維持・

復活記念の装飾で元気に走るB12「しおかぜ」号

修繕費もある程度用意ができたということです。

その後、故障していたボイラーを直して、二〇一六年一一月五・六日に復活記念祭と銘打ったイベントを行うとともに、運行再開を前にした五日午前一〇時から、募金をした方々を招待してのお披露目セレモニーを実施しました。当日は朝から秋らしい快晴で、この頃には汗ばむくらいまで気温が上がっていました。それだけに、車窓から見下ろす三河湾の景色は美しく、みごとです。

この蒸気機関車は、「こども汽車」という名で毎週土・日曜日と祝日に走ります。愛知こどもの国の入園料は無料ですが、こども汽車に乗るには、三歳以上ひとり三〇〇円が必要となります。

場所は、名鉄蒲郡線こどもの国駅を下車して徒歩約二〇分のところです。駅を降りると、汽笛が聞こえたり、山の上の方を走っている様子が見えたりします。山の上に位置しているため、道は途中から上り坂となります。そこで、こども汽車の運転日には、三名以上で予約すると同駅までの無料送迎があります。歩いて行くのは体力作りに良いのですが、小さなお子さんがおいでだったり、お体の不自由な方がおいでの場合は、送迎を予約して行くと良いでしょう。なお、車で行く場合は、普通車一日五〇〇円の駐車場があります。

詳しくは、愛知こどもの国のホームページをご覧下さい。

夏場を中心に運転されている
赤沢森林鉄道

かつて、森林の伐採には鉄道が多く使われていました。いまのように道路が整備されておらず、自動車の技術も未熟だった頃には、山の中で重い荷物を運ぶのに鉄道が適していたのです。その森林鉄道で、もっとも規模が大きかったのは長野県の木曽森林鉄道でした。ただし、木曽森林鉄道というのは木曽谷の森林鉄道の総称で、実際にはいくつもの森林鉄道がありました。

その木曽森林鉄道を今に伝える「赤沢森林鉄道」を

4月後半から11月前半まで運転されている赤沢森林鉄道

ご存知でしょうか。上松《あげまつ》町にある赤沢自然休養林という国有林内を走っています。森林浴発祥の地と言われる赤沢自然休養林は、木曽桧《ひのき》が林立する美しい山林です。

　日本最後の森林鉄道だったといわれる木曽森林鉄道の王滝線が廃止されたのは、一九七五（昭和五〇）年五月のことでした。ところが、その三年後に赤沢に一・七㎞の軌道が敷設されています。残念ながら使用することはなかったそうですが、一九八五年に伊勢神宮の式年遷宮のためのご神木が切り出された際、この線路を使って運び出されました。

　これを機に保存運転の計画が本格化して、一九八七年以降、毎年春から秋まで走るようになったのです。約一・一㎞の線路を、九時三〇分から一五時三〇分まで三〇分毎の運転が基本ですが、閑散期の平日は毎時〇〇分発の一時間毎の運転となります。乗車賃は大人八〇〇円、四歳～小学生が五〇〇円です。ただし、七月下旬からお盆頃までは夏休み自然体験イベント「トムソーヤクラブ村」となるため、同イベント参加費として大人一〇〇〇円、四歳～小学生七〇〇円となります。

　赤沢森林鉄道は往復乗車が基本です。折り返し地点で機関車を付け替える間の小休止があり、ここで下車して歩いて戻ることもできますが、ここからの乗車はできません。一帯は木曽桧を三〇〇年以上守り育ててきたところですから、桧の匂いが立ちこめている気持ちの良いところです。特に川に沿って走る区間は、その気持ちの良さで人気が高くなっています。

　夏場は涼しく快適なところですが、一〇月中旬になると紅葉が始まります。この紅葉シーズンが特に人気で、平日でも三〇分毎の運転が行われるほどです。森林鉄道以外にも、桧の林道を散策するハイキングコースが整備されています。リフレッシュしたい週末には、特にお勧めですよ。

場所は、中央本線上松駅から車で約三〇分のところですから、車でのアクセスが便利です。バスは赤沢自然休養林開園時に、木曽福島駅から上松駅を経由する便が一日三往復（土休日と八月は五往復）運転されています。詳しくは、上松町観光協会が開設しているホームページをご参照下さい。

木曽の森林鉄道が、たった一日だけ甦った！

木曽森林鉄道の最後の路線といわれるのが、中央本線の上松駅と、御嶽山の麓に位置する長野県木曽郡王滝村を結んでいた王滝線です。同線を使って地元の檜を搬出していた王滝村では、森林鉄道愛好者の団体「りんてつ倶楽部」によって、当時の車両が動態保存されています。

それらの車両を一般公開して動かすイベント「王滝森林鉄道フェスティバル」が、三年に一度開かれています。二〇〇四年からはじまり、二〇一六年一〇月九日に第五回が開催されました。わずか一日だけの復活です。

王滝村・木曽森林管理署・水資源機構愛知用水総合管理所・王滝観光総合事務所など、地元の組織が、車両の保存活動をしている「りんてつ倶楽部」と組んで行うこの一大イベントは、王滝村内の松原スポーツ公園で開催されます。この公園の完成後に、徐々に線路を敷いていった結果、いまでは全長一㎞にもなりました。その線路をB型客車とモーターカーが走り、その様子を見るだけでなく、希望者は乗って楽しむこともできます。また、森林鉄道ならではの姿として、木曽の桧を運んだ歴史を再現した、一日三往復の「運材台車」列車のイベント運行もありました。

当日は未明まで大荒れの天気でしたが、開催時刻に

色づき始めた木々を縫って走る運材台車

なると雨が止んで大勢の方が来訪しています。山深い地ですので、すでに紅葉を始めた木があり、あたりはすっかり晩秋の趣です。そんな列車に併走して、地場産の木曽馬が散歩する姿も見られました。

森林鉄道は、山深い地に生えている木々を伐採して運び出すものですから、車両はどれも小型です。ですから、午前中の乗車整理券は、早々と配布終了となっていました。

一方、廃止後四〇年以上経っているだけに、動態保存も一筋縄ではいかないようです。その関係からか、一五時頃にはイベントが終わる予定だったのですが、実際に一段落した時には一六時近くになっていました。そのあいだ、行ったり来たりする列車を追いかけて、多くの方が楽しそうに右往左往する様子が見られました。

三年後の二〇一九年に行われるであろう第六回に向けて、また、毎月の地道な動態保存作業にとりかかるのでしょう。関係者の皆さん、お疲れ様でした。そして、ありがとうございました。三年後も楽しみにしています。

三重県の温泉地で鉱山鉄道に乗ってみませんか？

かつて、鉱山には鉄道がありました。

鉄道といっても、乗り心地の良いものではなく、小さな車両がガタガタゴトゴトと走る揺れの大きいものでした。それは、鉱山で採取した鉱物を運び出すものであり、同時に鉱山で働く人を現場まで運び、働き終えた人が戻るための輸送手段でした。

いまや、そんな鉱山鉄道はほとんどなくなってしまいましたが、観光用に乗せてくれるところがいくつかあります。東海地方だと、三重県の湯ノ口温泉にある、もと紀州鉱山の線路と車両を使った「鉱山トロッコ電車」があります。

三重県といっても熊野市の山間部で、アクセスは容易ではありません。車だと、伊勢自動車道から国道四二号線、さらに国道三一一号線を走ります。公共交

小さな客車を連ねた「鉱山トロッコ電車」

駅間はほとんどがトンネルの中

通だと、ＪＲ紀勢本線の熊野市駅から熊野古道瀞流荘線（瀞流荘方面）で約五〇分ですが、熊野市バスが一日四往復あるだけです。

「鉱山トロッコ電車」は、バスの終点となっている入鹿温泉ホテル瀞流荘の前から、湯ノ口温泉まで走っています。一日六往復ですが、日中一～二時間に一本という感じです。所要はわずか一〇分で、瀞流荘では少しの休憩ののちすぐに発車するのに対して、湯ノ口温泉では長く停まっています。これは、湯ノ口温泉での日帰り入浴に合わせた運行だからです。

「鉱山トロッコ電車」は、かつて紀州鉱山が使っていた機関車や線路を使用しています。その駅間は、ほとんどトンネルの中です。ですから、狭い車内に乗り込むと、薄暗い電灯がついています。

やがて発車すると、窓ガラスがガタガタと大きく音を立てはじめ、すぐにトンネルに入ります。ほぼ直線の線路ですが、一〇分かけて走るだけあって、後方に去って行く開口部の明るさは次第に小さく遠くなっていきます。そこにあるのは薄暗くて狭い客車だけ。それがガタガタと大きな音を立て、大きく揺れて、それにもかかわらずゆっくりと進んでいきます。会話するには、よほど大きな声を出さなければいけないほどです。

そんな異次元の世界を体験できるのが、この「鉱山トロッコ電車」の魅力です。この儀式のような乗り心地の悪さと騒音を楽しんでこそ、湯ノ口温泉の価値が最大になるというものでしょう。乗車賃は往復五四〇円ですが、湯ノ口温泉入浴券付八六〇円がお得です。

湯ノ口温泉は、湧出量が毎分一二〇〇ℓと豊富で、かつ泉温四五・七℃と少し冷ませばちょうどよい温度ですので、惜しげも無く源泉かけ流しがされています。その温泉施設も整備が進み、内風呂と露天風呂が男女別にそれぞれある、実にきれいな施設になりました。泉質は、温まるナトリウム・カルシウム塩化物泉ですので、夏場よりも、涼しくなる秋の方がよりお勧めです。

伝説のナローゲージ「尾小屋鉄道」をいま体験する

尾小屋《おごや》鉄道を知っていますか？

石川県で一九七七（昭和五二）年まで走っていた、レール間が七六二㎜というナローゲージ（狭軌）鉄道です。北陸本線の小松駅に隣接する新小松駅と、そこから南東方向へ山を分け入った、約一五キロ先に位置する尾小屋鉱山とを結ぶ鉄道でした。最後の本格派ナローゲージ鉄道ともいわれました。

その尾小屋鉄道の車両を動態保存する団体「なつか

動態運転公開日の様子。蒸機の後方に顔を出しているのがキハ3、手前を走っているのが鉱山電車

しの尾小屋鉄道を守る会」は、毎年五～一〇月に毎月一度の割合で公開運転会を行っています。尾小屋鉄道ゆかりの車両を並べた線路の周囲に、さらに狭い軌間の「鉱山電車」の線路を一周させ、動態保存車キハ3と鉱山電車に乗車できるイベントです。

場所は、尾小屋鉱山資料館の入口付近にある「小松市立ポッポ汽車展示館」です。旧尾小屋駅から鉱山方向へと少し分け入ったところにある広場で、車の場合は国道四一六号線を走ると容易にアクセスできます。

一方、公共交通でのアクセスとなると、尾小屋鉄道を引き継いだ小松バス尾小屋線で終点尾小屋まで乗車し、さらに一㎞ほど山道を歩くことになります。そのバスも一日わずか三往復で、運転会に間に合うのは、小松駅三番乗場八時〇〇分発と一三時二〇分発だけ。復路は尾小屋一四時一〇分発だけです。周囲に飲食物を売っている店もないため、公共交通利用だと相当の覚悟をもって訪れる必要があります。

二〇〇五年からこの公開運転を続けている「なつかしの尾小屋鉄道を守る会」のFacebookには、運転公開日をはじめとした活動状況が記されています。

動態保存しているのは、尾小屋鉄道に在籍したキハ3と鉱山電車で、それぞれに乗ることができます。鉱山電車は尾小屋鉄道ゆかりのものではなく、群馬県の妙義鉱業所で使用されていた本物の鉱山用蓄電池機関車で、乗り心地が楽しいトロッコを牽引します。

入場料や乗車賃などは無料ですが、近くにある尾小屋鉱山資料館を見学する場合には、入館料五〇〇円が必要となります。ただし、高校生以下は無料です。この資料館内には尾小屋鉄道に関する展示もあるほか、往年の坑道を利用したマインロード内には構内列車の展示などもあります。公開運転に行くなら、この尾小屋鉱山資料館もついでに見学しておきたいところです。

尾小屋鉄道ゆかりの車両を動態保存しているところが、もう一箇所あります。小松駅のひとつ福井側の駅となる北陸本線粟津《あわづ》駅から、歩いて七分ほどという行きやすいところにある「なかよし鉄道」です。粟津公園の「いしかわ子ども交流センター小松館」内にあります。公園の周囲には林あり、その樹林の中を旧尾小屋鉄道のキハ1などが走ります。

雰囲気の良い木々の中を走る「なかよし鉄道」

運転は、毎週水曜日の一一時三〇分発と、土休日には一一時三〇分発に加えて一五時三〇分発があります。全線四七三mの単線を往復しますが、無料で乗せてくださるのも嬉しいところです。なお、冬季となる一二月中旬から三月中旬はお休みとなります。

「なかよし鉄道」には、児童会館前駅から乗車します。ここにはホームとともに、隣接した車庫もあります。ホームは緑に囲まれていて、きれいに手入れもされているため、ヨーロッパの保存鉄道にきたかのような気分にもなれます。

車両は全部で四両あり、前述のキハ1のほか、ディーゼル機関車DC121と客車がホハフ3とホハフ8の二両です。通常はキハ1だけの単行運転ですが、毎年ゴールデンウィークと夏休みの終わり頃に、四両すべてを連結して三〇分毎に運行する特別運転をしています。

加賀温泉郷や金沢への往復で寄り道をしてみたり、特別運転日を狙って行き、じっくりと楽しむなど、楽しみ方をいろいろと考えることができる保存鉄道です。

親子で楽しめる「長浜鉄道スクエア」

「長浜鉄道スクエア」を知ってますか？

滋賀県の米原駅から北陸本線で三駅、所要九分の長浜駅から米原方面に歩いて三分のところにあります。

長浜といえば、戦国時代に生きた茶々、初、江の浅井三姉妹の出生地であり、秀吉が初めて築城した長浜城跡もあります。また、近年は旧城下町を活かした街づくりに成功した「黒壁スクエア」でも知られています。ユネスコ無形文化遺産に登録された「長浜曳山祭の曳山行事」もあります。

これらの影に隠れて意外に知られていないのが、日本の鉄道の発展に重要な役割を果たした地ということです。

旧長浜駅舎は、現存する最古の鉄道駅舎

長浜は、琵琶湖の東端に位置していることから、一八八二（明治一五）年にはやくも鉄道駅ができました。鉄道を一気に完成させることは難しいため、琵琶湖に日本初の鉄道連絡船を運行することとして、その前後の鉄道建設を優先したのです。

その最初の開通区間は、今の北陸本線です。これは、若狭湾に面する敦賀と長浜を結べば、日本海側と関西を最短で結ぶことができるためでした。さらに、翌年には東海道本線の長浜〜関ヶ原間が開業します。東海道本線が米原を経由するようになるのは、七年後の一八八九年のことで、それまでは、琵琶湖の鉄道連絡船が、東海道本線の一部だったのです。

その長浜駅は、当時の場所にいまも駅舎が現存しています。その旧駅舎が長浜鉄道スクエアの入口となっているのです。当時すでに開業していた駅舎はことごとく建て替えられていますので、現存する最古の駅舎として鉄道記念物に指定されています

ＪＲ長浜駅が今の場所に移転したのは、一九〇三（明治三六）年のことでした。すでに東海道本線は米

原経由となり、北陸本線も米原まで延伸していました。つまり、船との乗り継ぎを考えなくてよくなったので、より市街地に近い場所に移転したということでしょう。

旧長浜駅舎では、駅舎前の展示物にも注目です。写真の駅舎出入口右下には、レールが見えます。これは長浜駅二九号分岐器ポイントと呼ばれる、長浜駅開業時に敷設されたポイントの一つです。一八八二年製という、日本の鉄道ができてからまだ一〇年しか経っていない時期でありながら国産で、鉄道局神戸工場製の刻印があります。これらのことから、鉄道記念物に指定されています。

同ポイントの右にある敷地境界部分と、駅舎出入口の左側には石積みが見えています。これらは、北陸本線のトンネル出入口にあった扁額や石碑で、伊藤博文・黒田清隆・後藤新平といった、明治時代の総理大臣や鉄道院総裁による揮毫がみられます。

北陸本線は勾配が厳しいため、幹線としての輸送力を確保しようと、強力で優秀な性能を誇ったD51形蒸気機関車が配属されていました。さらに戦後、輸送力を増やすために、幹線では初となる交流電化を一九五七（昭和三二）年に行いました。

このことを記念して、長浜鉄道スクエア内にある「北陸線電化記念館」には、D51 793とED70 1が保存展示されています。写真を見てのとおり、柵もないので間近に見学ができます。さらに、どちらの機関車も運転席を見学できるようになっているのも嬉しいことです。ちなみにED70 1は、北陸本線が交流電化されるに際して設計・新製された交流電気機関車です。

北陵線電化記念館では、本物のD51とED70を間近に見学ができる

明治村の鉄道

愛知県犬山市にある博物館明治村は、よく知られている通り、明治時代の貴重な建造物を多数移築・保存のうえ、公開しています。明治時代は、文明開化から始まる日本の近代化の礎となった時代であり、鉄道が走りはじめた時代でもあります。また、明治村は名古屋鉄道（名鉄）が最大の寄附者となり設立され、公益財団法人が管理運営しているだけに、鉄道関連の施設が多数あることにも注目です。

　そんな明治村の鉄道関連施設について、順に紹介していきます。

イベントで重連運転を見られることがある

村内でいち早く動態保存を始めた京都市電

明治村が開村したのは一九六五（昭和四〇）年三月一八日のことで、半世紀を超える歴史をもっています。京都市電は、その開村から二年後の三月に運転をはじめました。まだ、明治村が今ほどの広さではなく、建物も徐々に増え始めた時期でした。

二両ある京都市電は、一九六一年に廃止された京都市電北野線で走っていた8号車と15号車で、明治村にきて1号車と2号車となります。もともと京都電気鉄道という、一八九五（明治二八）年に日本初の路面電車を走らせた私鉄の車両です。同鉄道が好業績を収めたことから、京都市が独自に京都市電を建設し、一九一八（大正七）年には京都電気鉄道の路線も京都

終点で集電ポールを車両反対側に回す京都市電

市が買収したため、北野線も京都市電となりました。

この二両は明治末期の一九一〇（明治四三）年から一九一一年にかけて製造された車両です。京都で五〇年以上も使用していたため、大きく改造されていましたが、北野線廃止に際して8号車がオリジナルな形に復元されました。北野線廃止時点で、これを復元1号車と呼んでいたようです。

その特徴は、運転台が客室の外にあり、電気をトロリーポールから取り入れていることでしょう。後に製造される路面電車は、運転台が客室と一体となり、電気の取り入れもパンタグラフやビューゲルと呼ばれる架線との接触部分が横に長いものとなりました。

明治村では1号車とともに2号車もオリジナルの形ですので、運転士は雨の日には合羽を着て、寒い日にはコートを羽織って運転しています。一方、集電ポールは常に進行方向の後ろ側に上げることになっています。そこで、終点に着くと、集電ポールを車両の反対側へと回す作業が見られます。

明治村の京都市電は「N電」と呼ばれることがあります。これは、Narrow guage（狭軌）の頭文字「N」をとった呼び方です。前述した京都電気鉄道はレールとレールの幅がJR在来線と同じ一〇六七㎜という狭軌でしたが、後に開業した京都市電は一四三五㎜という標準軌です。そこで、京都市が京都電気鉄道を買収した際に、引き継いだ車両を区別するために車両番号に「N」を付けることとして、「N電」と呼ばれるようになったものです。

本物の明治生まれの蒸気機関車が走る

明治村には、動く明治の産業遺産として京都市電とともに蒸気機関車が走っています。愛知県内で走る本物の蒸気機関車は、この明治村の二両と、前述の愛知こどもの国の二両（うち一両は運休中）があります。

明治村の蒸気機関車は、もちろん明治生まれです。それも本線用ですから、毎日運転するのがいかに大変かは容易に想像ができましょう。実際、前述の京都市電とともに二〇一〇（平成二二）年一二月二〇日から全面運休し、各車を入念にチェックしました。その結果、現役続行に大きな問題はないとわかり、まずは京都市電が二〇一二年九月二八日から運転を再開しています。続いて、同年一一月八日に蒸気機関車12号の運転を再開し、二〇一五年三月一五日には明治村開村五〇周年記念として蒸気機関車9号も運転を再開しました。ここに、明治村の動態保存車全四両が再度現役に復帰したのでした。

日本の鉄道は一八七二（明治五）年に新橋～横浜間

明治時代に新橋～横浜間を走った英国製12号機

の開通ではじまったことは、広く知られています。このときはすべて蒸気機関車が牽引する列車で、イギリスのメーカー五社から計一〇両が輸入されました。そのなかでも成績が良かったシャープ・スチュアート社から、二年後となる一八七四年に増備車として二両を追加輸入しています。この増備車のうちの一両が、明治村で今も走っている12号機です。

輸入当初は23号でしたが、一九〇九（明治四二）年に形式称号が改められて、１６０形１６５号となりました。しかし、すでに輸入から三五年を経て旧形に属していましたので、東海道線ではなく武豊線での活躍となっていました。さらに、一九一一年には尾西鉄道に譲渡されます。尾西鉄道は後に名古屋鉄道と合併する、いまの尾西線や名鉄名古屋本線国府宮～名鉄一宮間などを建設した会社です。この12号は尾西鉄道の頃の番号で、名古屋鉄道と合併したあともそのまま使われて、一九五七（昭和三二）年に廃車となっています。

廃車後は岩倉車庫で保存され、さらに犬山市郊外にできたラインパーク（現・日本モンキーパーク）で静態展示されたうえで、一九六五年に開村する明治村にやってきました。明治村でも当初は静態保存でしたが、一九七三年に動態復活し、翌一九七四年三月一八日の開村九周年記念日から、いまのように乗客を乗せて走るようになりました。

製造後一五〇年になろうとする動態の蒸気機関車は、もちろん国内最古です。ただし、当初のボイラーはさすがに経年劣化し、一九八五年に二代目に載せ替えています。その初代ボイラーは産業遺産としての価値がありますので、レンガアーチ橋の下に保存さ

米国製の9号機は、華奢に見えるが12号機より1割程度重い

れています。

もう一両は、9号機です。一九一二（明治四五）年製と、明治最終年の製造です。先の12号機より約四〇年も後に製造されていますが、それでも製造後一〇〇年以上経つ機関車です。米国ボールドウィン社製で、12号機が先従輪一軸と動軸二軸の1‐B‐0という軸配置なのに対して、この9号機は三軸すべてが動軸の0‐C‐0です。

いかついイメージの12号機に比べて、スマートな印象がある9号機ですが、空車時の車体重量は一九・五tと、12号機の一七・四九tより一割以上重い機関車です。運転整備重量という水と石炭を積み込んだ状態でも、9号機は二三・〇五tで、12号機の二一・四三tより一割程度重くなっています。

輸入当初は富士身延鉄道という、富士〜大宮町（現・富士宮）を結ぶ私鉄で活躍しましたが、同線はその後国鉄となり、いまはJR東海身延線となっています。

一方同車は、富士身延鉄道時代の一九三六（昭和一一）年に日本鋼管鶴見製鉄所（現・JFEエンジニアリング鶴見事業所）に譲渡された後、一九七三年に12号機の動態化にあわせて明治村にやってきた機関車です。

明治村では、9号機と12号機を交互に使っているため、訪問時にどちらの機関車が動いているかは判りません。当日動いていない方の機関車は、「SL東京駅」に隣接する車庫で休んでいますので、ホーム端や転車台見学場所から遠目で見ることができます。

蒸機列車の客車にも注目！

明治村の蒸気機関車は、三両の客車を牽引しています。

両端は、ハフ13とハフ14というオープンデッキ付の客車で、真ん中がハフ11という箱型の客車です。これら三両の客車も明治時代に造られた客車です。これら三両共通の特徴をまずはみていきましょう。

車輪は二軸四輪で、二軸車と呼ばれているタイプです。いま主流の、台車を客車の前後に一つずつとりつけたボギー車に比べると、簡易な走り装置であることがわかります。二軸車は、一部のレールバスと呼ばれるディーゼルカーに採用されたこともありましたが、いまや営業線からは全滅しました。それだけに、この二軸車の乗り心地は貴重な体験です。ただし、床下は常にホームに隠れてしまい、客室の床の見学が難しいのは残念なところです。

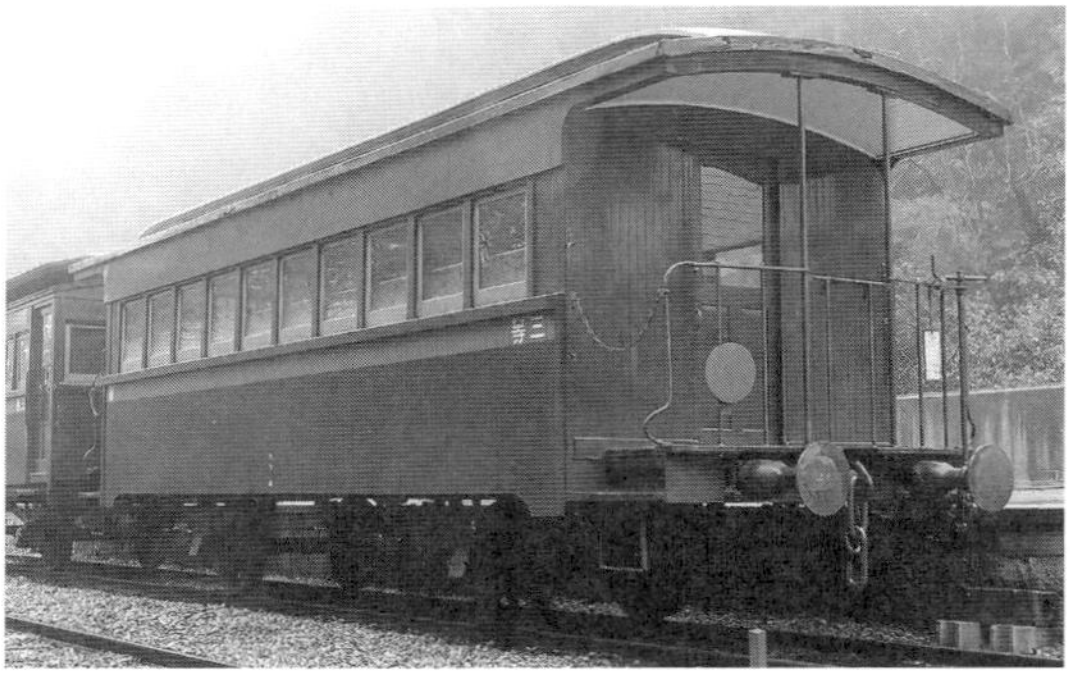

ハフ13とハフ14は南紀生まれ

写真で屋根上は判りにくいですが、丸く沿った屋根の上に、もう一つの屋根が載っています。モニター屋根と呼ばれるもので、二つの屋根の間にはガラス窓がついていて、車内にできるだけ外光を注ぎ込むようにしているのです。これも、電気照明が発達したいまでは、見ることがなくなった構造です。

窓にも注目です。窓の下には前後方向に一枚板が渡してあることが判ります。ウィンドウシルと呼ばれるもので、客車の長手方向の中央部が自分の重さで経年によりたるんでくるのを防ぐ目的で取り付けられています。

窓そのものも、ガラス窓とカーテン代わりのよろい戸が二重にあり、開けるときには少し持ち上げてから下に落とすようにできています。これは知らないと、どうやって窓を開け閉めするか判らない代物です。

真ん中に連結されているハフ11は東京生まれ

ハフ13とハフ14は一九一二（明治四五）年に新宮鉄道が自社で新製した車両です。

三両編成の真ん中に連結されているのは、出入口扉が客室内になっているハフ11です。前述のハフ13、14と比べると、二重屋根の様子が異なることが見て取れるでしょう。

また、ウィンドウシルだけでなく、ウィンドウヘッダーと呼ばれる窓の上側の板もついています。やはり車体中央部が垂れないように付けられているもので、シルとまとめて、シル・ヘッダー付と呼んだりします。

いまも動いている松葉スポーク車輪は貴重

この車両はハフ13、14より四年前となる一九〇八年に天野工場で新製されています。天野工場は、大正時代に日本車輌製造に買収されて東京支店工場となった鉄道車両メーカーです。新製後は東京の青梅鉄道（現・JR東日本青梅線）で活躍したあと、山形県の高畠鉄道を経て秋田県の雄勝《おがち》鉄道に譲渡されます。高畠鉄道・雄勝鉄道ともにいまは廃線となっています。この雄勝鉄道時代に、新宮鉄道からやってきたハフ13、14と合流します。

雄勝鉄道は戦時統合で羽後交通雄勝線となったうえで、一九七三（昭和四八）年に廃止されました。このころ明治村で蒸気機関車の動態保存を計画していたことから、三両で明治村にやってきて今に至ります。

上の写真は、ハフ11の車輪を写したものです。最近の車輪は車軸部と周囲のタイヤ部の間に空間がありませんが、古い車両はこのように車軸とタイヤ部分をスポークで結んでいます。通常、スポーク車輪は車軸から棒が一本ずつ出ています。ところが、この車輪は、

車軸部分が二本で、タイヤに接するところで一つになっています。これが松の葉が根本から先に向かって二本に分かれている様子に似ていることから、松葉スポーク車輪と呼ばれています。

いまも古い車輪として残っているものは時折見ますが、毎日動いている鉄道車両で松葉スポーク車輪を履いているのは、おそらく全国でもこの明治村のハフ11だけだと思います。貴重な現役の松葉スポーク車輪として、長く使い続けて欲しいものです。ただ、通常は近付いて見られないのが残念です。

皇族が乗る豪華な二両の御料車

御料車というのは、天皇・皇后・皇太后が乗車されるための車両で、実際に乗車された列車は「お召し列車」といいます。一部、皇太子用に造られた御料車もありますが、皇太子が乗車された列車は、その他皇族が乗車された列車と同じく「御乗用列車」といい、お召し列車とは区別されています。

明治時代に造られた御料車は、全部で六両あります。そのうち、5号御料車と6号御料車の二両が明治村に保存されています。いずれも所有はJR東海で、明治村が半世紀以上前となる開村直後から借用しています。借用当時の所有者はもちろん国鉄でした。また、二両とも鉄道記念物に指定されている貴重なものです。

5号御料車は、一九〇二（明治三五）年にできた昭憲皇太后のために造られたものです。1〜4号は天皇用として造られていますので、5号御料車は初めての皇后用御料車であり、明治時代では唯一造られた皇后用の御料車です。

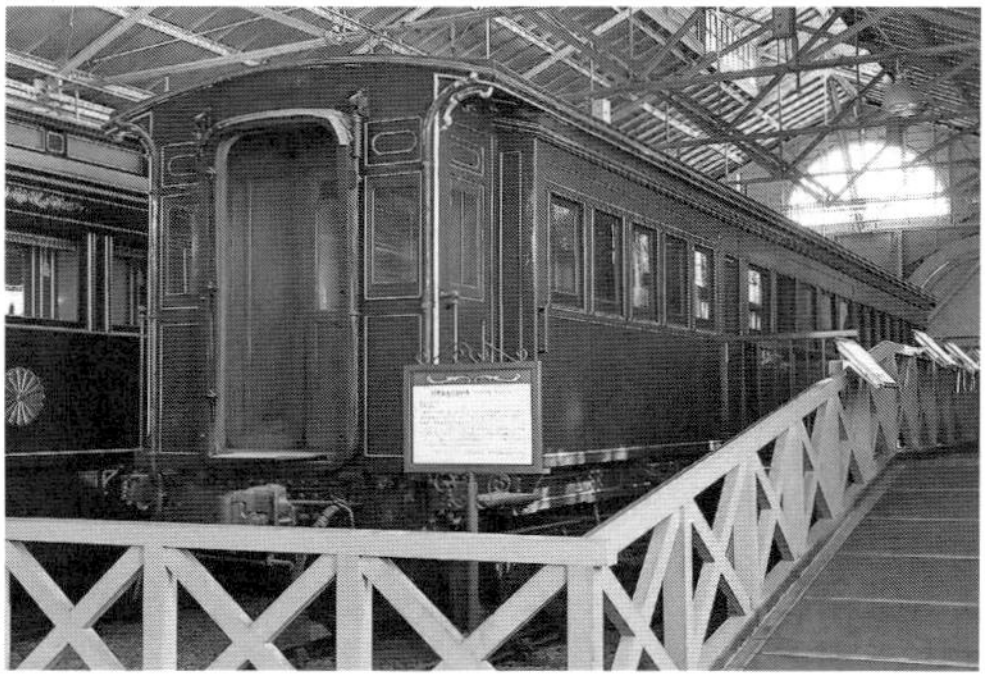
初の皇后用御料車である5号御料車（鉄道記念物）

やや小型の二軸ボギー車です。二

軸ボギー車というのは、二軸四輪を一つの台車にし、それを車両の前後に取り付けた、いまでは一般的なタイプです。車体各部をみると、窓をはじめとした直線中心の姿のなかに、屋根・雨樋・飾り帯などで優雅な曲線を織り交ぜた、品の良い車両ということを感じさせます。

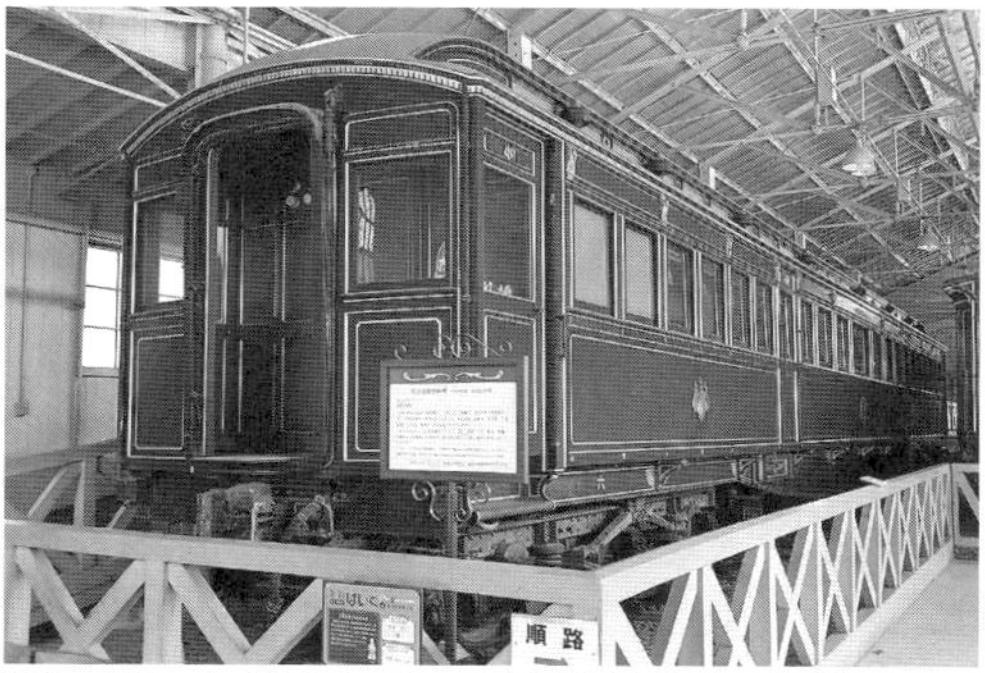
明治時代の完成形ともいえる6号御料車（鉄道記念物）

車両中央部に御座所という昼間に滞在する部屋があるほか、御寝室・御閑所（トイレ）、大膳室（調理室）、女官室、供奉員《ぐぶいん》（お付きの者）室などがあります。玉座は臙脂色のビロードで、昭憲皇太后の出身である京都一条家の家紋「藤」を織り込んであります。天井には柾目の桐が使用され、明治期に活躍した日本画家・川端玉章により「帰《き》雁来燕《がんらいえん》図」が描かれています。左右対の帰雁と来燕で、よく色が残っていることが見て判ります。

上の写真は6号御料車で、一九一〇（明治四三）年にできた明治最後の新製御料車です。車長二〇・七二八mと大形で、側面中央に菊の御紋章があるほか、前後に桐の御紋章が配されています。さらに、窓の上には彫刻による装飾が施されていたり、車体と台車の間にある台枠にも装飾がされていますし、その他各所にも入念な文様が施されている姿はみごとで、その姿は御料車で最高傑作とまで言われるものとなっています。

写真では判りにくいですが、三軸ボギー車です。御料車で初めて採用したもので、この後の御料車は永らく三軸ボギー車が基本となります。車内は、5号御料車と同じく御座所のほか御寝室・御厠、大膳室、侍従室があります。その御寝室には、三種の神器のひとつ剣璽《けんじ》を置く御剣璽棚がある点が5号御料車と異なり、天皇用の御料車であることが確認できます。

これら二両の御料車は、車両側面をはじめとして漆塗りを多用しています。漆部分は手垢を放置するとダメージが大きいことから、車体に近付きすぎないよう柵が設けられています。見学時には、間違って手を触れたりしないように気をつけたいところです。

ふたつの新橋工場と保存台車

御料車が保存されている建物は、明治村にふさわしい外見をしています。それもそのはず、一八八九(明治二二)年に建てられた鉄道局新橋工場を移築したものなのです。ついつい内部の御料車に注意がいってしまいますが、さすがに

御料車が保存されている鉄道局新橋工場の外観

明治村だけあって、保存している建物にも本物を使用しているわけです。

外見は木造建築風ですが、屋根は銅板葺となっています。さらに中で見上げると、柱には鋳鉄が使用されていることがわかります。これら鋼材は、外板となっている木製品も含めて、すべて国産だということです。

当時の日本の大工であれば、尺寸で設計しているはずですが、この建物はそれ以前に輸入材で造られた工場建物にならって、フィート・インチを採用しているそうです。文明開化と称して西洋文明を取り入れつつ、日本の技術を向上させていた時代ならではのものです。御料車を見学する際には、ぜひ車両を取り囲んでいる建物にも注目してくださいね。

明治村には、もう一つの新橋工場の建物があります。それが、左ページ上の鉄道寮新橋工場です。日本の鉄道は一八七二(明治五)年に新橋～横浜間で開業したことが知られていますが、その開業時には工場も必要でした。その機関車修復所がこの建物です。

明治政府は鉄道を建設することになった際、民部大蔵省に鉄道掛をおきました。すぐに工部省ができて鉄

鉄道寮新橋工場の外観

道掛は同省に属することになりますが、改組により鉄道寮と称するようになって鉄道開業を迎えます。ですから、鉄道開業時の鉄道〝寮〟新橋工場となっています。一八七七年になると廃寮置局が行われて、鉄道局が誕生しました。先に紹介した新橋工場は一八八九年製ですので、鉄道〝局〟新橋工場となっています。

このことから、明治村にある二つの新橋工場は、鉄道開業時の鉄道寮新橋工場と、その後に増築された鉄道局新橋工場と呼ばれているわけです。

さて、鉄道寮新橋工場ですが、鉄道開業に合わせて造ったものだけに、すべてイギリスからの輸入品を使用しました。建物内部の柱の刻印をみると、イギリス製のものとともに、一八八二年製と一九〇一年製の国産鉄柱も使われていることから、増改築や移築の際に国内の新しい技術を用いた製品を用いるなど、この建物からも日本の近代化の跡をたどることもできます。

鉄道寮新橋工場のかたわらに展示されている台車等

その内部は機械館として、重要文化財二つを含む明治期の機械を多数展示しています。

鉄道寮新橋工場の側面の壁に沿ったところに、台車等が保存展示されています。目立たないところなので、見過ごしてしまう入村者も多いようですが、鉄道好きであれば、ぜひ足を止めて下さい。これらは、もちろん鉄道車両に使用されていた由緒正しいものたちです。以前は放置されている感じでしたが、いまは整備して簡単な説明もあります。

写真の一番手前は、一八九九（明治三二）年東京車輌製造天野工場製ハ29の台車で、九州鉄道を経て、大分交通耶馬溪線で使われました。天野工場は後の日本車輌製造東京支店です。また、九州鉄道はいまＪＲ九州となっている鹿児島本線等です。コイルバネと板バネを組合せ、松葉車輪を使用しているなど、特徴のある台車です。

その先にあるのは一八九八年イギリスのリーズ・フォージ社製の台車で、東北本線などを造った日本鉄道大宮工場で「いろ61」用として組み立てられました。戦後まで国鉄で活躍し、一九五二（昭和二七）年に留萌鉄道に譲渡され、ホハニ２０１として一九六九年の同鉄道運休まで使われていたものです。

もっとも通路寄りに置かれているのは、明治二〇年代に造られたとされる九州鉄道ハフ26の車輪と車軸二組です。二軸車だったので、台車ではなく車軸の形で残っています。前述のハ２９とともに大分交通耶馬溪線に譲渡されたうえで、明治村にやってきています。これも松葉車輪を使用しています。

尾西鉄道1号は、六郷川鉄橋の上に保存

写真は尾西鉄道の蒸気機関車1号です。米国ブルックス社製で、見ての通り日本製とはやや異なる外観です。一八九七（明治三〇）年製で、前年に創設された尾西鉄道が発注した機関車です。同社は後の名古屋鉄道尾西線や名古屋本線の国府宮～名鉄一宮間などを開設した鉄道会社です。一八九八年に弥富～津島間が開業しましたが、これが現存する名古屋鉄道の路線としてはもっとも古い区間となります。その区間を走った1号機関車なのです。

機関室窓の下に「No.１」とあるほか、先頭部にも赤い「１」というナンバープレートがあります。この「１」の周りには、BROOKS LOCOMOTIVE WORKSとメー

カー名も記されています。煙突の下にも丸いプレートがありますが、こちらがメーカーズプレートです。

　ご覧のとおり、鉄橋上に保存されています。この鉄橋は、背後に入鹿《いるか》池がある谷間に架かっています。下の写真では、鉄橋の右側の橋台上に尾西1号が写っています。この鉄橋も、もちろん明治時代の鉄道橋です。

鉄橋上に保存されている尾西鉄道1号機

　一八七二（明治五）年に開業した新橋～横浜間の鉄道線には、東京都と神奈川県の間を流れる六郷川（多摩川）を超大橋梁で渡る必要がありました。ところが開業当初の橋はすべて木製でした。ちなみに、その二年後に開業した大阪～神戸間では、鉄橋が造られています。
　木製は当時安く造れたのですが、耐久性に乏しいため、当初単線だったのを複線にした一八七七年に、六郷川鉄橋は複線用の鉄橋に架け替えられました。日本初の複線用鉄橋です。長さは約五〇〇mもありますが、そのうち水の流れが多い川崎側に約三〇〇mの英国製ポニー・ワーレン・トラスを六連使いました。この六連のうち一連が、明治村にあるこの赤い鉄橋なのです。ちなみに新橋側は、上部トラスがないプレート・アンダー・ガーダー橋となっていました。

赤い鉄橋は、もと東海道線の六郷川鉄橋

名古屋鉄道と名古屋市電の元祖　名電1号

明治村に展示されている路面電車はもう一両あります。

名古屋鉄道の前進となる名古屋電気鉄道が、一八九八（明治三一）年五月六日に名古屋市内の笹島～県庁前間で開業した際に使われた名電1号形です。ただし、現存するこの車両は、開業三年後の増備車です。

名古屋市内の路面電車は私鉄として開業したのですが、その後、名古屋市民の要請を受けて名古屋市電となり、やがて名古屋市営地下鉄へと発展しています。ですから、名古屋市電の元祖ともいえる車両です。

このような初期の車両だけに小形です。そのため大正時代には大形になった後継車に役目を追われてしまいます。ちょうどその頃に札幌電気軌道が開業準備を進めていたため、同車を譲受して一九一八（大正七）年の開業に使用しました。つまり、名電1号形は札幌市電の元祖でもあるのです。

2020年まで借入展示をしている名電1号

このことから、札幌市は同市が運営する交通資料館で同車を保存していました。それを、名鉄創業一二〇年と明治村開村五〇周年の記念事業として借りて、二〇一四年六月から二〇二〇年三月まで村内で展示しているのです。

名古屋鉄道の郊外線のための岩倉変電所

帝国ホテル中央玄関が象徴的な存在として立地する明治村五丁目に、レンガ造りの建物があります。名鉄岩倉変電所として、一九一二(明治四五)年に岩倉駅近くにできた変電所です。ところが、同年七月三〇日に明治天皇が崩御したことから、岩倉駅を発着する電車が営業を開始した八月一二日には、大正元年となっていました。

当時の岩倉駅は、名古屋市内から一宮へ通じる一宮線の中間駅であり、犬山線の分岐駅でした。つまり、開業当初の犬山線は岩倉駅〜犬山駅間だったのです。

これら二本の郊外線に電気を送るためにできたのが、この名鉄岩倉変電所です。

重厚な雰囲気をみせる外壁のレンガは見応えがあり、四隅に張りだしたバットレス(控え壁)と呼ばれる補助的な壁が特徴的です。国の登録有形文化財になっています。

名鉄岩倉変電所は、郊外線開業のための送電施設

都電が走っていた隅田川新大橋

東京の東部を流れる隅田川には、かつて五大橋が架かっていました。吾妻橋、厩橋、両国橋、新大橋、永代橋の五つで、その最後に架けられたのが新大橋です。

いまも架け替えられた橋があり、新大橋通りという通り名も健在です。

都営新宿線の浜町駅〜森下駅間にあって、新大橋通りを西へ向かうと、日本橋界隈に出ます。このような都心に近い場所ですから、かつて都電が走っていました。

明治村では、実際に都電の軌道敷きが再現されています。ここで注目したいのは、再現された軌道敷きの端部です。溝付きレールと呼ばれる路面電車用のレールが敷かれているのです。写真奥の方に写っているレールを模したものとは、見て明らかに違うことが判りますよね。

橋の中央をかつて都電が走っていた隅田川新大橋

いまや、東海地方の路面電車は豊橋鉄道市内線だけとなってしまいましたので、このようなレールを見る機会は少なくなっていることでしょう。隅田川新大橋を見学する際には、見逃さないようにして下さい。

隅田川新大橋の路面に敷かれた都電用の溝付きレール

東京駅丸の内駅舎に合わせた意匠の警備巡査派出所

明治村五丁目の一角に、東京駅警備巡査派出所があります。一九一四（大正三）年に東海道本線が現・新橋駅（延伸前は烏森駅という駅名でした）から東京駅

東京駅警備巡査派出所は、化粧レンガを張った新工法

まで延伸されるとともに、東海道本線の起点が旧新橋停車場から東京駅に変更されました。

このときに完成した東京駅丸の内駅舎はよく知られている通り、辰野金吾の集大成と呼ばれるレンガ造りの巨大建築物で、重要文化財に指定されています。その完成に合わせて、駅前に警備のための派出所が設けられました。それがこの建物です。

見て判るとおり、東京駅丸の内駅舎の意匠に合わせた八角形の外観で、屋根上に小灯、玄関の上には半円形の装飾もあります。東京駅丸の内駅舎の南北にあるドーム部を思い起こさせます。ただし、当時の新工法であった鉄筋コンクリート造りに化粧レンガを張ったもので、東京駅丸の内駅舎の鉄骨レンガ造りとは工法が違っているということです。

明治村に展示されている鉄道関連の施設は、以上のとおりです。

意外に多いと思った方も多いことでしょう。最後に、その一覧を明治村内の場所別にまとめておきます。

ただでさえ広い明治村です。出かける際には、忘れないように見て、乗ってきて下さいね。

▼明治村1丁目………御料車二両、鉄道局新橋工場
▼明治村2丁目………名電1号
▼明治村3～4丁目…京都市電（動態保存）
▼明治村4丁目………鉄道寮新橋工場と保存台車、尾西1号、六郷川鉄橋
▼明治村4～5丁目…蒸気機関車二両とその客車（動態保存）
▼明治村5丁目………岩倉変電所、新大橋、東京駅警備巡査派出所

リニア・鉄道館で知る鉄道高速化の歴史

リニア・鉄道館の概要

ＪＲ東海が二〇一一年に開設したリニア・鉄道館に、行ったことはありますか。ＪＲ東海といえば東海道新幹線、そして建設計画が進むリニア中央新幹線ですよね。そんな高速鉄道の歩みを、過去から未来まで楽しみながら学ぶことができるところです。

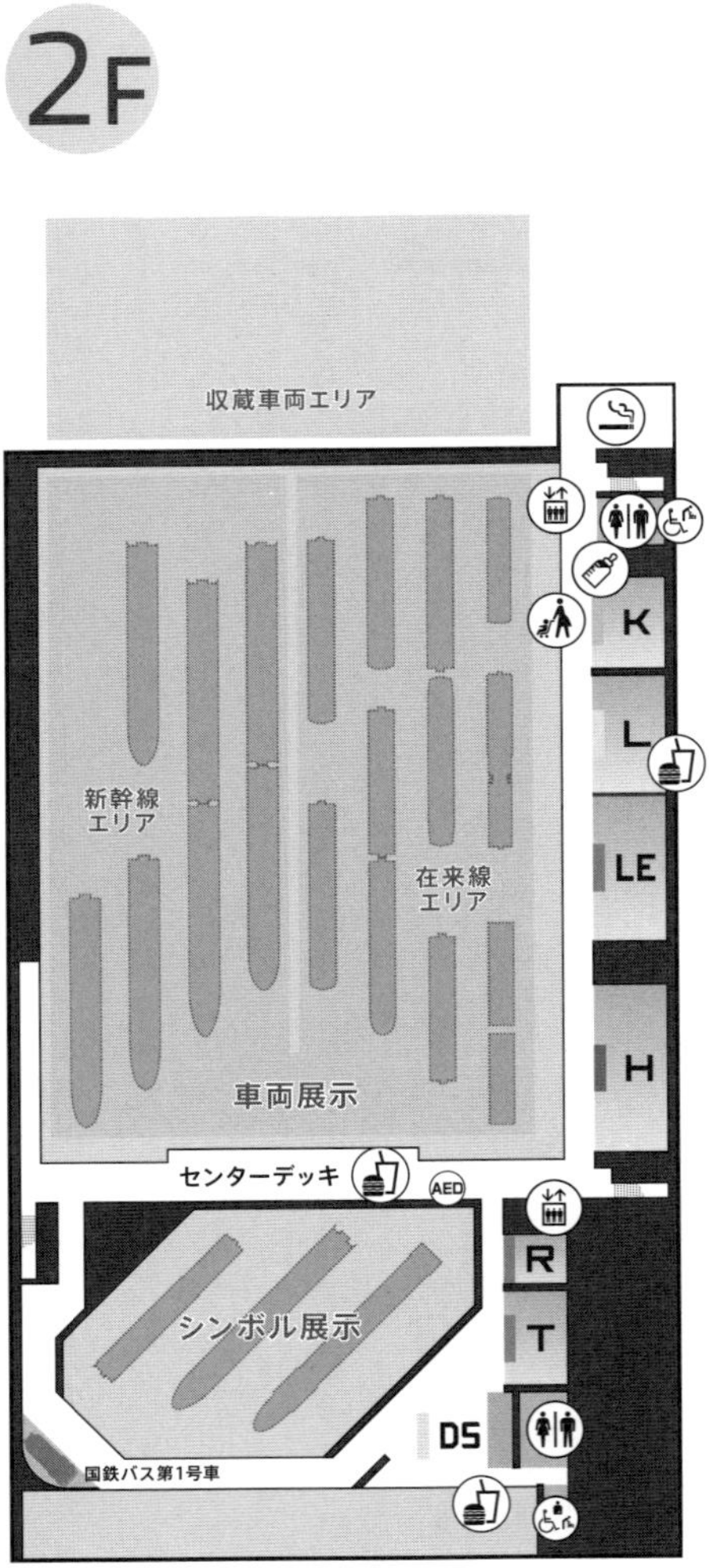

場所は、JR名古屋駅太閤通南口から出ているあおなみ線に乗り、終点の金城ふ頭駅から徒歩二分のところです。定休日は毎週火曜日で、火曜日が祝日の場合はその翌日が休館日となります。なお、春休み、ゴールデンウィーク、夏休み等は火曜日でも開館しています。年末年始は一二月二八日～一月一日が休館です。入館料は大人一〇〇〇円、小中高生五〇〇円、未就学児二〇〇円、三歳未満無料で、シミュレータを楽しむ場合には、別途料金がかかります。

館内には、デリカステーションという駅弁や飲み物などを販売しているコーナーがありますし、手弁当持参でも座って飲食ができる車両が用意されているので大丈夫です。一日かけて心ゆくまで鉄道を楽しむことができるところです。その展示車両全三九両やその他展示物について、以下に紹介します。リニア・鉄道館のフロアマップも参考にしつつご覧下さい。

リニア・鉄道館フロアマップ

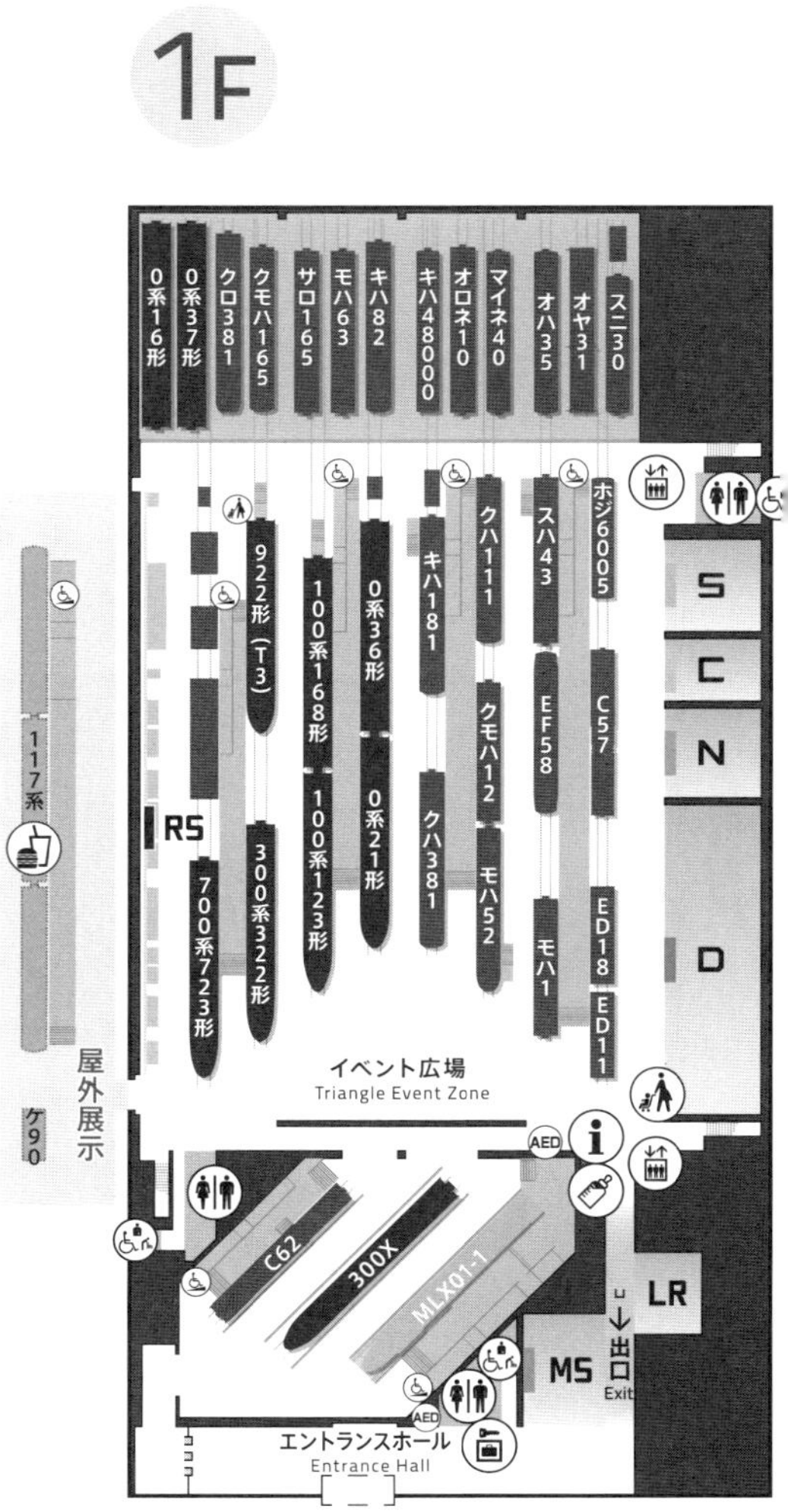

シンボル展示エリアの世界記録保持3車両

蒸気機関車　C62形17号機

エントランスを過ぎて、最初に見学するのはリニア・鉄道館のシンボルとなっている高速車両たちです。照明を落とした空間に保存されている三両は、いずれも世界最速の記録をもっています。その一番手前に力強く展示されているのは、C62形蒸気機関車17号機です。

C62は日本の蒸気機関車の中でもっとも大きく速い旅客用機関車で、特急「つばめ」「はと」など、戦後の東海道本線を走った最優等列車の牽引機として活躍しました。

一九四八（昭和二三）年から一九四九年にかけて四九両が製造されたのですが、一九五〇年八月にC62の中でも調子のよい機関車が東海道本線に集結しました。復活した特急「つばめ」のスピードアップが目的でした。その際、名古屋機関区に転属してきたなかにこの17号機がいたのです。

蒸気機関車での狭軌世界最高記録を出したC62　17

当時、東海道本線は輸送力増強のために電化が進められていました。その先には、電気機関車での時速一二〇km運転の時代がくることが予想されたことから、鉄橋の強度確認をすることになりました。その際、重量があり高速性能も有するC62に木曽川橋梁での高速試験の白羽の矢が立ったのです。17号機は、一九五四年一二月一五日に東海道本線木曽川橋梁上で、狭軌鉄道の蒸気機関車としては世界最速となる時速一二九㎞を記録しました。狭軌鉄道というのはJR在来線等で使用しているレールとレールの間隔が一〇六七㎜の鉄道などをいいます。新幹線で採用されている標準軌（スタンダードゲージ）が一四三五㎜であることから、それより狭いレール間隔を狭軌（ナローゲージ）と呼んでいるのです。

C62の動輪は直径が一七五〇㎜で、大きめの日本人男性の背丈ほどあります。これが一回転して進む距離は、円周率三・一四を掛けた五四九五㎜…つまり五m四九㎝五㎜です。この動輪で時速一二九㎞を出すためには、一秒間に約六・五二回も回転する必要があります。

蒸気機関車はふつうシリンダーが一往復するあいだに二回給気しますので、シュッシュッというシリンダ排気音が一秒間に一三回あまり聞こえるような凄まじい走りっぷりです。左右のシリンダを合計すると、実に一秒間に約二六回にもなります。

新幹線試験電車 955形（300X）

続いて展示されているのは、二本のレール上を走る鉄道車両として時速四四三㎞という、一九九六（平成八）年当時の世界最速記録をもつ新幹線試験電車300Xです。

東海道新幹線では一九九二年に300系がデビューし、最高時速二七〇㎞の営業運転をはじめています。いまや、東海道新幹線の主力列車となった「のぞみ」です。営業最高速度を一気に時速五〇㎞も上げた、新幹線の歴史に残る名車です。

その営業開始から二年後に、300Xが登場します。形式名は955形という試験車両です。300系開発過程で培った技術を、さらに進化させることを目的として造られた意欲的な車両ですが、車内の座席数は少なく、純粋な試験車両として設計・製造されています。編成両数も、東海道新幹線の営業車両は全て一六両編成のところ、300Xは六両編成でした。

それだけに、300Xは深夜帯を中心に運転される

443km/hの世界記録をもつ新幹線試験車両300X

こととなり、一般乗客の目に触れる機会はとても少ない車両でした。実際、主な試験走行は、定期列車の運転が終わった後の京都～米原間が中心で、翌日の始発が走る前に浜松工場に戻っていました。

世界最速界記録を樹立したときも京都～米原間の深夜走行中でしたが、そのときの先頭車が、いまリニア・鉄道館に保存されている955－6です。

300Xで試された技術のなかで、もっとも判りやすかったのが先頭車の前面形状でしょう。下の写真は、一九九五年六月に、深夜の試験走行を終えて浜松工場へと帰るところを撮影したものです。上が新大阪側の一号車955－1、下が東京側の六号車955－6です。前面形状が異なることがよく分かりますよね。

一号車がカスプ形、六号車がラウンドウェッジ形と呼ばれる形状です。ラウンドウェッジ形は、新幹線開業前からの技術的蓄積をもとに、さらに風洞実験を繰り返して設計された形状です。一方のカスプ形は、スーパーコンピュータを利用して解析した結果生まれた、全く新しい形状です。

次に紹介する超電導リニアMLX01－1は、ダブルカスプ形です。これは、300Xでの実験結果をもとにカスプ形を発展させた形状です。このように、300Xで得

試験走行中の300X。上が新大阪方のカスプ形、下が東京方のラウンドウェッジ形

られた結果は、その後に投入された700系、N700系はもとより、山梨リニア実験線の試験車両にも影響を与えているのです。

超電導リニア MLX01-1

シンボル展示の最後は、超電導リニア車両です。

超電導リニアの〝リニア〟は〝直線〟という意味の英語です。一般的に、モーターといえば回転するモーターを指しますよね。その回転する電機子を車上に、その周りを囲む界磁を線路敷に、それぞれ直線にならべたものがリニアモーターカーです。これまでに実用化されているリニアモーターカーは、国内外を問わず常電導磁石と呼ばれる一般的な磁石を使っています。一方、JR東海が開発を続ける超電導リニアは、超電導磁石という高度な技術を使うリニアモーターカーです。

超電導というのは、金属をマイナス二六九℃まで冷やすと内部抵抗がゼロになる現象です。この超電導状態にしたコイルを使うと、大きな電流が熱を持つことなく流れ続けるため、大きな磁力が発生し続けます。その力を使って車両を動かし、さらに車両全体を浮かせるのが超電導リニア鉄道の原理です。これにより、常電導では浮上高さがせいぜい一cmのところを、約一〇cmと一桁多くできるため、より安定した高速性能をもたせられます。もちろん、大地震発生の際にも、接地する危険性が少なく安全性がより高くなります。

世界最速記録を保持していたMLX01-1

ちょっと難しくなってしまいましたね…。超電導リニアの原理については、リニア・鉄道館の超電導リニア展示室で、より判りやすく勉強することができますよ。

さて、リニア・鉄道館に展示されている超電導リニアMLX01－1ですが、一九九五（平成七）年七月に完成し、一九九七年四月から山梨リニア実験線で走行試験を始めました。そして、二〇〇三年一二月二日に、鉄道車両として世界最速の時速五八一kmをマークします。この記録は二〇一五年四月二一日に後継車L0系が時速六〇三kmを記録するまで、一二年間も破られなかった世界記録です。さらに、二〇〇四年には、二列車がすれ違うときの相対速度が時速一〇二六kmという、これまた世界記録を樹立しています。これらは、もちろんギネスブックに載りました。

新幹線の進化を学ぶ

シンボル展示エリアを抜けると、そこにはずらっと一九両が並ぶ車両展示エリアがあり、その奥には

車両展示エリアの全景

一三両が横一列に並ぶ車両収蔵エリアがあります。この両エリアは、エントランス側からみて左側に新幹線車両が九両、右側に在来線車両が二三両あるリニア・鉄道館最大の見せ場です。

　ここで、まずは新幹線の進化を学びましょう。

車両収蔵エリアの在来線車両たち

0系21形式新幹線電車

　一九六四（昭和三九）年一〇月一日に開業した東海道新幹線ですが、当時は0系一二両編成でした。その最高時速は二一〇㎞で、東京～新大阪間を名古屋駅・京都駅だけに停まる「ひかり」で四時間もかかっていました。これは、できたての盛り土区間が多い線路だったため、地盤が安定するまで速度を抑えて走っていたためでした。それでも、新幹線開通前の東海道本線・特急「こだま」は東京～大阪を六時間三〇分かかっていましたので、格段に速くなったのでした。

　開業翌年となる一一月一日には、最高速度をそのままに東京～新大阪間の所要時間が三時間

新幹線開業当初から活躍した0系新幹線電車

一〇分に短縮されました。この最高速度と所要時間が、その後長く続くことになります。また、車両も一九八六年まで二二年間にもわたり、0系が造り続けられました。それだけに、中高年の方々にとっては、0系が馴染み親しんだ新幹線の顔ともいえる存在であり続けているものと思います。ただし、外見はそっくりでも、機器や客室設備はこの間に大きく変貌を遂げています。

100系123形式新幹線電車

国鉄分割民営化が現実味を帯びてきた昭和後期になって、東海道新幹線としては初となる新形車が登場しました。一九八五（昭和六〇）年一〇月一日から運転をはじめた100系です。

0系は当初リクライニングしない転換クロスシートを採用していましたが、その後、三列席は固定とする代わりにリクライニングをするシートに変更しました。しかし、進行方向に対して後ろ向きになるシートの評判は芳しくなく、100系ではこの点を抜本的に改めました。このシートの進化については、改めて後述します。

さて、100系では山側の二列席だけでなく、海側の三列席も転換クロスシートを採用するために、前席との間隔（シートピッチ）を拡大しました。これにより、すべて席を進行方向に向けられるだけでなく、足元が広くなり、リクライニング角度も大きくなりました。当時、筆者はサラリーマンでしたが、当時の勤務先の役員は、100系

国鉄時代に、新幹線としては唯一の新型車として登場した100系

であればグリーン車でなくても良いと言い切るほどの快適さになりました。また、新幹線初の二階建て車を連結することでも話題になりました。

１００系は、居住性を格段に向上させただけでなく、登場から一年を経た一九八六年一一月一日には、最高時速を二二〇㎞にスピードアップします。わずか一〇㎞とはいえ、開業以来二二年ぶりのスピードアップです。この結果、東京～新大阪間は二時間五六分（最終「ひかり」は二時間五二分）と、初めて三時間を切りました。

ちなみに、このとき０系の最高時速も二二〇㎞に上がりました。それまでの最高時速はＡＴＣ（自動列車制御装置）が動作する速度で、ダイヤ上の最高時速二〇〇㎞でした。それが、このときからダイヤ上の設定最高時速を二二〇㎞とし、ＡＴＣは時速二二五㎞で動作するようにしました。ですから、最高時速は実質一五㎞のスピードアップであり、ダイヤ上では二〇㎞のスピードアップとなりました。なお、線形の良い山陽新幹線では、その後、１００系Ｖ編成「グランドひかり」による最高時速二三〇㎞運転も行われます。

300系322形式新幹線電車

一九八七（昭和六二）年四月一日の国鉄分割民営化によりＪＲ東海が誕生すると、スピードアップに対する技術開発が一気に進みます。その結果誕生したのが、天井高を下げて車体断面を小さくし、アルミ合金車体として軽量化したうえ、誘導電動機などのパワーエレクトロニクス技術も駆使して速度向上を図った３００系です。

営業時速270キロ走行を実現した300系

一九九二（平成四）年三月一四日のダイヤ改正で、東海道新幹線初の新たな列車愛称名「のぞみ」が登場します。この「のぞみ」用として登場したのが300系でした。このことから、当時は300系を「のぞみ形」と呼んでいました。最高時速は二七〇㎞と一気に五〇㎞も速くなり、東京～新大阪間の所要時間は二時間三〇分となりました。二八年かけて所要時間が四時間から二時間三〇分へと一時間三〇分も短縮したのは、画期的なことといってよいでしょう。台頭する航空機需要に経営の柱である東海道新幹線の利用者を奪われないようにするための、必要から生まれた成果でした。

700系723形式新幹線電車

300系登場後も速度向上への試みは続き、山陽新幹線ではJR西日本が500系を使った最高時速三〇〇㎞運転をはじめるなど、着実に進歩していきます。

その500系も、東海道新幹線では最高時速が二七〇㎞のままでした。これは、世界初の新幹線だっただけに、いまの基準からすると直線区間が少なく、かつ通過速度が制限される急曲線が多いのです。それでも、車両を軽くしたりモーターを強力にするなどして、加減速度の向上や曲線通過速度の向上などを続けます。

その成果として、500系のあとに登場したのが700系です。同車は、JR東海とJR西日本が共同で設計した車両となりました。しかし、リニア・鉄道館が開館した頃は第一線で活躍していましたので、展示車両に700系はありませんでした。

その700系が新たに展示に加わったのは、

歴代の新幹線が並ぶリニア・鉄道館

リニア・鉄道館が開館三周年を間近に控えた二〇一四年一月二日のことでした。７００系の量産先行試作車…つまり、７００系としてはじめて登場した記念すべきＣ１編成です。同編成の１号車である７２３形９００１号車は、前年末に搬入されました。展示場所にはそれまで、３００系量産車Ｊ２１編成３２３形が展示されていました。

オープン以来初めての展示車両入換でしたが、この結果、東海道新幹線開業以来の４世代である０系、１００系、３００系、７００系が一堂に揃いました。団子っ鼻と呼ばれた０系、シャープな印象の１００系、鉄仮面と呼ばれた３００系、アヒルのくちばしと呼ばれた７００系と、世代ごとに先頭形状が大きく変わってきていることが一目でわかります。

展示車両の入れ換え

ところで、展示車両の入換はどのように行われたのでしょうか。

車両収蔵エリアから人の手で押して搬入される700系

その搬入の様子は報道公開され、筆者もその珍しい光景を見られましたので、ここにご紹介します。

展示予定の７００系は、トレーラーで浜松工場からリニア・鉄道館に運ばれ、館外で待機しました。二〇一三年一二月三〇日の搬入当日、前後二つの台車は台座に載っています。台座にはちょうど車輪が載る長さのレールが敷かれ、各車輪の前後にはガッチリと車輪止めがつけられていました。報道公開時には、その台座の一端が、リニア・鉄道館の車両収蔵エリア後方のレールとジョイントで固定されていました。

一方、700系後方の台座には小さなローラーが四隅につき、台座ごと移動できる状態でした。ここで車体にワイヤをかけ、前方の台車の車輪止めを外します。それから、ウィンチでワイヤをゆっくりと巻き上げることで、そろりそろりと車体が館内へと進んでいくのです。

後方の台座がリニア・鉄道館のレールに接するまで近付くと、いったん作業を中止してワイヤを外し、ウインチを撤去します。さらに台車から車輪止めが外されると、こんどは、なんと人が押して展示位置まで移動です。大きく重い新幹線車両ですが、最後は人の手に頼ることになるのですね。

搬入される700系の両横には、展示中の165系電車や0系中間車があります。でも、700系の入ってくる場所で展示されていた二両が見当たりません。実は、搬入に先立って、クロ381パノラマ展望車と0系ビュフェ車は搬入口の横に移動させてあったのです。700系の搬入が終わった翌日…つまり大晦日に、移動した二両をもとの展示位置に戻したそうです。

リニア・鉄道館の年末年始の休館日は、一二月二八日から一月一日までです。700系の場所に展示されていた300系量産車は、一時移動した二両とともに、一二月二七日の閉館後に搬出準備をして、翌二八日と二九日の二日間をかけて搬出したそうです。さらに元旦は予備日で、休館期間をフルに利用した展示車両入換だったわけです。

N700Aの登場

JR東海は二〇一五年三月一四日に、東海道新幹線の最高時速を二八五㎞へと引き上げました。それまでは最高時速が二七〇㎞でしたから、一五㎞のスピードアップとなります。この速度向上を可能にしたのは、N700Aの登場でした。

700系のあとに登場したN700系は、空気バネを利用した車体傾斜装置により、半径二五〇〇mの曲線でも時速二七〇㎞の最高速度で通過できるようになり、東京~新大阪間の所要時間が二時間二五分まで短縮しました。「のぞみ」登場時と比べてわずか五分の短縮ですが、この間に新幹線品川駅が開業、新横浜駅への全列車停車もあり、停車駅が増えながらの到達時間短縮でした。

N700A(上)とN700系改造車(下)が最高時速285キロ運転を実現

そのＮ７００系をさらに進化させたのがＮ７００Ａです。Advanced（進化した）のＡを末尾につけた形式名で、二〇一三年二月八日にデビューしました。

Ｎ７００Ａは、ブレーキ性能の向上とともに定速走行装置を装備することで、列車が遅れたときに安全な範囲で最大限の回復運転ができるようになりました。同車の側面に大きく「Ａ」のロゴが記してあることでＮ７００Ａだと判ります。その後、Ｎ７００系にも同様な改造を行い、Ｎ７００Ａと同等の性能としましたが、こちらは車体側面にあるＮ７００のロゴの後ろに小さい「Ａ」をつけることで、Ｎ７００Ａとは区別しています。

いま、東海道新幹線では「のぞみ」だけでなく一部の「こだま」も最高時速二八五㎞運転をしています。この列車に使われるのは、Ｎ７００ＡもしくはＮ７００系のＡ相当への改造車となります。二〇一八年三月一七日のダイヤ改正では、Ｎ７００Ａがさらに増えることから、「のぞみ」の一部列車で所要時間の短縮が行われ、最速二時間二二分となりました。

また、次世代新幹線車両となるＮ７００Ｓも確認試作車ができて、試験運転をはじめています。この「Ｓ」はSupreme（最高の）の頭文字です。新たな技術をいくつも採り入れ、編成両数の自由度も高めた同車は、東京オリンピックが開催される予定の二〇二〇年度に営業運転をはじめることを目標にしているそうです。

東海道新幹線はいまも進化を続けています。

固定シートからリクライニングシートへの変化を知る

0系オリジナルシート

リニア・鉄道館に保存されている新幹線車両をみると、接客設備がどのように変化してきたかも知ることができます。その変遷を、まずはシート（座席）で見ていきましょう。

「夢の超特急」としてデビューした0系ですが、その後の日本人の生活レベルの向上によって、当時の設備が今の時代にはとても満足ができるレベルでなかったことが感じられます。例えば、普通車のシートです。中高年の方には懐かしいシートでしょうが、若い方には初めて見たとか、写真でみたことがあるだけという方も多いことと思います。そのシートは、一見ゆったりとしているように見えますが、実はリクライニングができない構造です。当時はこれで十分だったのですが、いまでは在来線特急でもリクライニング機能があたり前になっていますので、やはり時代の違いを感じさせます。

初期のリクライニングしない座席（0系21形）

一方、この登場時の0系で良かったのは、窓が大きいことでした。前後を向かい合わせにしたときに、窓の柱は頭載せ部分に位置していて、窓外を見るとき、視線に柱が入らない大きさとしていたのです。その代わり、窓周りはステンレス製で、0系後期から今に続く強化プラスチック製の窓周りと比べると、年代物の感は否めません。

０系リクライニングシート

昭和三〇年代から四〇年代にかけての高度経済成長時代を過ぎると、輸送力増強の時代から、快適さを求める時代へと移行します。その対応としてシートにリクライニング機構を採用する場合、新幹線には大きな問題がありました。それは、従来のように進行方向によって背ずりの両面を使い分ける転換式シートでは、リクライニング機構が複雑になりすぎて実用的ではないことでした。

　在来線特急では、回転式シートを採用することで対応していたのですが、新幹線は海側が三列席です。この三列席を回転させるとなると通常の二列席に比べて幅が広いため、前後のシートに当たらないように間隔を広くしなければなりません。ところが、利用者増が続いていることから、座席定員を減らすことは避けたかったのです。

　その相反する要求を満たすために考え出されたのが、進行方向にかかわらず座席を固定してしまう方法でした。これであればリクライニング機構を入れられます。そこで、二つのパターンが考えられました。一つは、三列席すべてを車両の中央に向ける方法、もう一つは車両中央を境に車端に向ける方法です。前者を集団見合い式、後者を集団離反式と呼びました。集団見合い式の長所は、どの乗客からも車端部まで距離があることから、視界が広くなり圧迫感が少ないことです。もちろん、目の前に壁がある車端席

新幹線初の普通車リクライニングシート（0系37形／通常、車内は非公開）

がなくなります。一方の集団離反式は、乗客同士の視線が合うことがなく、中央に六人用グループ席ができてしまうこともありません。国鉄はこの両方式を試作した結果、集団離反式がより好まれるとの結果を得て、0系では一九八一（昭和五六）年以降の新製車三列席に採用しました。ところが、進行方向に座れないことに対する不満は多く、なかには車酔いをしてしまう乗客も出たようです。

100系のリクライニングシート

一九八五（昭和六〇）年に登場した100系では、前述のとおり不評だった海側三列シートの固定がなくなりました。進行方向に向いて座り、リクライニングもできるようになったのです。そのために、前後の座席間隔（シートピッチ）を、0系の九八cmから六cm増の一〇四cmとしました。これにより足元が拡大したほか、廊下側の人が着席したままで窓際の人が通路に出られるようにもなりました。この仕様の変化は大いに評判となりました。でも、シートピッチを広げると座席定員は減ってしまいます。この難題をどうやって解決したのでしょうか。

待望の回転リクライニングシートとなった100系普通車の座席

当時の0系一六両編成は、普通車一二両、グリーン車二両、普通車とビュフェ車の合造車一両、食堂車一両という組成でした。それが国鉄時代に産まれた最初の100系であるX編成では、同じ一六両編成ながら、普通車一三両、グリーン車二両、食堂車一両としたのです。半室ビュフェをなくすことで、減るはずの座席定員を確保したのでした。

さらに100系の特徴である二階建て車は、食堂車と二両あるグリーン車のうちの一両に充てました。これにより、グリーン車の一階には新幹線初の個室が登場します。食堂車は一階が厨房、二階が食堂となって、食事をしながらの車窓展望が大いによくなり好評を博しました。筆者も１００系食堂車で食事をするため、食堂手前にある階段で順番待ちをした記憶があります。ちなみに、１００系が採用したシートピッチ一〇四cmは、最新のＮ７００Ａまで、そのまま引き継がれています。

シート以外の接客設備の変遷

冷水器と乗降デッキまわり

国鉄時代の新幹線に乗った記憶に、車内で自由に飲めた冷水器の思い出がある方は多いのではないでしょうか。筆者もその一人で、平たい紙コップの両端を指で押して汲んだ冷水は、なんだか贅沢なサービスを受けた気がしたことを覚えています。ペットボトル飲料の普及と衛生面から廃止された冷水器ですが、リニア・鉄道館ではその往時の姿が見られます。ただし、水も紙コップも入っていないので、見るだけです。

ノーベル平和賞を受賞した故マザー・テレサさんが来日したのは一九八一（昭和五六）年のことでした。新幹線に乗車して冷水器の水を飲んだ際に、紙コップを使い捨てにするのはもったいないとして、丁寧に持

0系から500系までは、冷水器が搭載されていた（0系21形）

ち帰った話はすぐにマスコミが書き立てて話題となりました。そんな冷水器の実物です。

　冷水器の周囲は、乗降デッキと車端部の洗面所・トイレとなっています。この一帯の造作も、0系ではステンレス枠が多用されていて、いまの感覚ではちょっと無機質な感じがします。でも、登場時はきっとこれが近未来的だったのでしょうね。

0系から100系へ車体が大型化

　東海道新幹線五〇年あまりの歴史のうち、当初の二一年間は車両が0系だけでした。もちろん、その間に一二両編成が一六両編成となり、窓がシート毎の小窓になり、食堂車が連結され、リクライニングシートが採用される…といった変化はありました。しかし、あくまでこれらは0系の改良でした。ですから、いまだに東海道新幹線といえば0系を思い浮かべられる方も多いと思います。

　この0系の流れを変えたのが前述した100系でした。国鉄の分割民営化が国会で議論されている頃に、新幹線車両の新たな可能性を模索する車両として、国鉄技術陣が0系と同等の製造費で時代に則した車両を開発したのです。初の新型車でありながらも製造費が抑えられたのは、国鉄の大赤字が大問題となり、分割民営化が検討されていた頃だからでした。

先頭形状が丸っこい0系(右)から、100系(左)ではシャープになる

　新幹線開業から二一年目となる一九八五(昭和六〇)年一〇月一日に、100系は営業運転をはじめます。

JR発足まであと一年半という時期でした。その先頭形状はシャープで、前部標識灯も切れ長な目のようになり、各部が丸っこい印象の0系とは大きく異なるものとなりました。リニア・鉄道館では、この両形式が並んで展示されていますので、その違いを間近に比較することができます。

0系と比べると、100系は車体が一回り大きく見えますが、運転席の高さを見てもそれは明らかです。最前部の客室扉とその前にある乗務員扉は、0系と100系でほぼ同じ大きさと位置です。同じホームを使用するので当然ですよね。ところが、客室扉の最上部は0系だと運転席窓の中ほどに位置しているのに対して、100系では運転席窓の下辺より下にあります。

二階建て車両の連結とスピードアップ

100系の最大の特徴は、編成の中間に二階建て車両を連結していることでしょう。空気抵抗を重視する高速鉄道用車両としては、世界で初となる二階建て車両の登場でした。100系が登場した頃、鉄道趣味をもたない人は鉄道車両を形式名で呼ぶことはなく、「新しい、二階建ての新幹線」といった言い方をしていました。

ちなみに、多くの人が鉄道車両を形式名で語るようになったのは、JR西日本が開発した500系以降と思われます。いまでは、ニュースでも〝N700S登場〟といった報道をしていますので、隔世の感があります。

100系の最大の特徴は、中間に2階建て車両が連結されていること

ところで、0系では全車両がモーター付きの電動車でしたが、100系では二階建て車両を含む四両が

モーターのない附随車となりました。その仕様を利用して、JRになったあと、JR西日本は二階建て車両を四両にしたV編成、通称〝グランドひかり〟を登場させました。一方、JR東海はビジネス利用が多い半面、東京〜新大阪間という三時間以内の利用者が大多数であることから、食堂車を廃止します。この結果、二階が二両ともグリーン席となり、平屋のグリーン車とあわせてグリーン車が三両という、今に続く編成内容となりました。さらに、食堂・ビュフェに代わるカフェテリアを一階に配してG編成としました。

100系は、登場から一年強経った一九八六（昭和六一）年一一月一日のダイヤ改正で、最高時速を二一〇㎞から二二〇㎞に引き上げます。この結果、東京〜新大阪間が初めて三時間を切る二時間五六分、最終「ひかり」は二時間五二分となりました。ちなみに、このダイヤ改正が国鉄最後の全国一斉ダイヤ改正でした。その翌春にJRが発足することになります。

まさに、新たな時代の新幹線サービスを模索する時代であり、100系はその先駆車であったことが感じられますよね。

0系にあったビュフェ車

次は、供食サービスをみていきましょう。

すでに記したとおり、0系にはビュフェがありました。でも、それをご記憶の方は、中高年の方であろうと思います。というのも、一九九七（平成九）年一一月二九日の「のぞみ」増発時に、「こだま」に残っていた0系のビュフェ営業を止めたのです。それから既に二〇年以上経ったので、若い方は新幹線のビュフェを知らなくて当然でしょう。このダイヤ改正では、500系が東海道新幹線を走りはじめる一方、100系二階建て車の階下席にあったカフェテリアも営業を終了しています。

その0系のビュフェは、半室構造でした。残りの半室は普通車です。入口付近に手洗い用の蛇口と冷水器があるのが、ビュフェっぽいです。余談ながら、ホテル等の食べ放題サービスをビュッフェもしくはバイキングと呼びますが、国鉄からはじまるビュフェは、軽食提供サービスです。語源は同じと思いますが、ビュッフェの「ッ」がなく、「ビュフェ」と記します。

リニア・鉄道館に保存されている半室ビュフェ車0系37形は、山陽新幹線が博多駅まで開通したあとの一九八三（昭和五八）年に製造された、0系ビュフェとしては最後の形態を残しているものです。

開業当初の新幹線ビュフェ車をご存知の方だと、窓側に椅子があったことをご記憶と思います。座面が回転するカウンターチェアでしたが、博多延伸で食堂車が連結されたことから、ビュフェで長居はしなくなるとして廃止しています。

ビュフェと座席車と半室ずつの0系37形（通常、車内は非公開）

筆者は小学生のときにこのカウンターチェアに座ったことがありますが、背が低かったために座ると足が床につかず、テーブルに手をついていないと座面が九〇度回転してしまうことに面食らいました。今となっては、懐かしい良い思い出です。

なお、リニア・鉄道館の0系37形は、通常、内部が非公開となっていて、連結部分から外観を見るだけとなっています。車両展示スペースの最奥にある車両収蔵エリアには、同様の展示車両が在来線一一両、新幹線が二両（うち一両が0系37形）ありますが、これらは順次ガイドツアーで公開しています。興味のある方は、リニア・鉄道館のホームページでイベント情報を随時チェックしていると良いでしょう。

0系の食堂車と灰皿

国鉄時代、多くの長距離特急列車に食堂車が連結されていました。ただし、東海道新幹線は東京～新大阪間だけだと所要時間が短いため、食堂車ではなく簡易な供食サービスであるビュフェではじまりました。しかし、一九七五（昭和五〇）年に山陽新幹線が全通して東京～博多間の「ひかり」号が登場すると、乗車時間が長くなることから食堂車が連結されるようになります。

０系の食堂車。テーブル上にはコップと共に灰皿もある

その食堂車は当初、海側だけに窓がありました。というのも、山側には通路があり、行き来する乗客が食事中の人達を見下ろす形になってしまうためでした。しかし、食事をしながら富士山が見たいという要望が多く寄せられたようで、後に山側にも窓が設けられました。

その０系の食堂車３６形はリニア・鉄道館で０系の先頭車２１形と連結した形で公開されています。食堂車客室部分は、いまみてもなかなか落ち着いたインテリアと感じるものです。リニア・鉄道館では、営業当時を再現すべくコップ類をテーブルに並べていますが、そこには灰皿もあります。当時は喫煙車が当たり前の時代で、東海道新幹線に禁煙車が登場したのは一九八六年八月二〇日のことでした。それも、「こだま」の一六号車だけという限定的なものでした。翌春に国鉄はＪＲとなり、その後、禁煙車が急速に普及します。いまや、禁煙車が主体となっていますから、隔世の感がありますね。

１００系の食堂車

続く１００系の食堂車は、特徴となっている二階建て車の二階にできました。

二階建て車両の利点を活かして、車両間を行き来するための通路と厨房を階下にすることで、食堂車の二階をすべて食堂車利用客に開放したのです。この結果、食堂車利用客は、通路を歩く乗客と目が合うことがなくなるとともに、地上の防音壁に邪魔されない視界の広さも確保できました。さらに、通路がないことから広い車幅をフルに利用した、四人掛けテーブルが左右に並ぶ配置ができました。ちなみに、0系では四人掛けテーブルと二人掛けテーブルが通路を挟んで左右に並ぶ配置でした。

100系食堂車では、提供されていたメニューが再現されている

そんな100系二階の食堂車についてリニア・鉄道館では、当時のメニューを再現した食品サンプルを並べて展示しています。今見ても、列車食堂としては余裕のある落ち着いた造りだと感じます。当たり前のように灰皿が置いてあるところも、時代を感じさせますよね。

ちなみに、ここに掲げる写真はJ－DINERと称していた日本食堂が使用していたテーブルクロスです。他の三社のテーブルクロスも順次展示しているそうですので、全部をみるためには、リニア・鉄道館に四回通わなくてはならないようです。

ところで、当時0系の食堂車はいつも空いていて、並ぶことはほとんどありませんでした。それだけ二階建て食堂車は魅力的だったわけですが、それは単に二階建てという車両の特徴に興味を惹かれたのではなく、ちょっと贅沢な雰囲気を味わえるという点でも評価されていたものと思います。また、100系登場が一九八五（昭和六〇）年という、バブル経済がはじまったといわれる時期だったことも大きかったことでしょう。その証拠に、当時、この階段に並んでいたのは、筆者も含めてネクタイを絞めたサラリーマンばかりでした。バブル経済の初期は企業関係が好調となり、次第にその景気の良さが庶民にも伝播していったのでした。

100系に思い出のある方はバブル時代を懐かしみに、バブル期を知らない方は当時の雰囲気を体感しに、リニア・鉄道館に行かれてはいかがでしょうか。

0系ベースのドクターイエロー

新幹線の最後に、ドクターイエローを紹介しましょう。

いつからか、東海道・山陽新幹線に黄色い新幹線が走っていることが知られるようになり、それが〝ドクターイエロー〟と呼ばれることも広まりました。さらに、なかなか見られないからでしょう、ドクターイエローを見ると幸せになるとの話も、まことしやかに語られる様になっています。「幸せの黄色いリボン」ならぬ、「幸せの黄色い新幹線」なのだそうです。

そのドクターイエローをいつでも見ることができるのが、ここ、リニア・鉄道館です。T3編成と呼ばれる922形の先頭車26番が展示されています。その外観は、0系新幹線そのものです。

同車は、一編成だけだったドクターイエローT2編成を増備する形で、一九七九（昭和五四）年に誕生しました。四十年近く前となります。T2編成・T3編成ともに、0系と同じ最高時速二一〇kmで走りながら、架線・信号・軌道の検査・測定を行うことができました。それ以前は、電気試験と軌道試

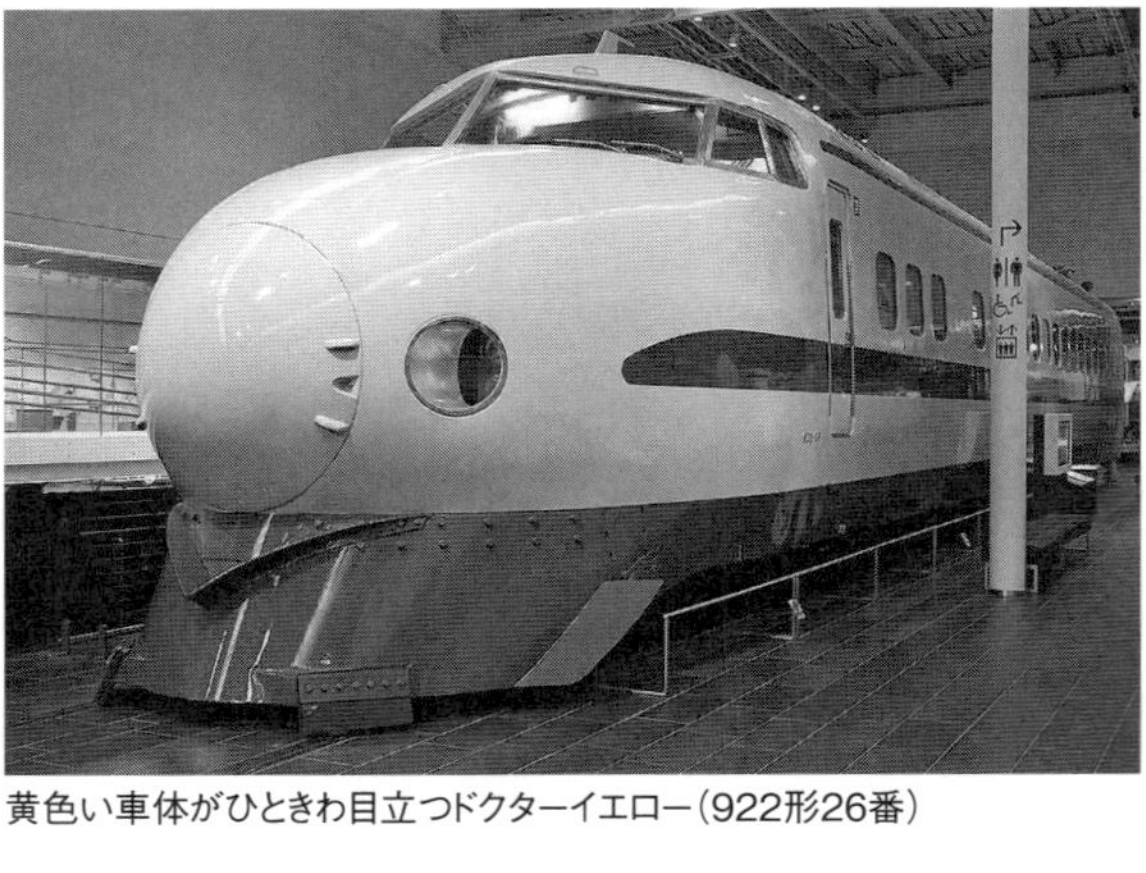

黄色い車体がひときわ目立つドクターイエロー（922形26番）

験を別の車両が担当し、高速での検査・測定もできなかったため、夜間走行していました。それを、日中の列車が空いている時間に、検査をすることができるようにしたわけです。

車内は、通路を挟んで二人掛けと三人掛けの転換クロスシートが並んでいます。0系特有のシートです。ただし、座席モケットは外観とともに二〇〇五（平成一七）年当時の、現役最後の頃の様子となっています。

車内奥に大きなモニターがあり、映像と音声でドクターイエローについて解説してくれます。その解説を見聞きするために、車内座席に座ることができるのも嬉しいサービスです。ちなみに、他の新幹線展示車両では座ることができません。

ドクターイエローの車内見学時には、特に天井に注目しましょう。空調が並ぶ一角に、空調がなく透明な板を貼ってある場所があります。ここから見上げることで、架線を直接観測できます。また、カメラも備えていて、架線の状況を示すデータを記録することができるようになっています。この部分の天井は少し盛り上がっているので、「観測ドーム」と呼ばれています。

なお、いまは後継となる700系ベースのドクターイエローT4編成とT5編成が走っています。

在来線高速化の立役者たち

気動車特急の誕生

戦後の国鉄は、優等列車を増発することで、幹線系のスピードアップに努めました。しかし、昭和三〇年代に電化されているところは少なく、長距離特急で電車が走ることができるのは東海道本線だけという時代でした。そのため、全国的には優等列車といえども、蒸気機関車牽引の列車が主力だったのです。

そこで、高速で快適な車両の開発が始まり、一九六〇（昭和三五）年に日本初の気動車特急としてキハ

名古屋駅でキハ81「くろしお」(右)と381系「しなの」が並ぶ

81を使用した特急「はつかり」が、上野～青森に走りはじめました。同車は初期故障が多く、当時のマスコミに叩かれましたが、国鉄技術陣の奮闘によって次第に安定した性能を発揮するようになります。しかし、一九六八年に東北本線の電化が完成すると、その役割を電車に譲ります。その後も東北で活躍したうえで、一九七二年一〇月に和歌山に転属して特急「くろしお」名古屋～新宮～天王寺として走りはじめました。しかし、紀勢本線も一九七八年一〇月に新宮以西が電化されると、非電化区間を走る名古屋～新宮・紀伊勝浦は特急「南紀」となります。これが、いまも続く特急「(ワイドビュー)南紀」のはじまりです。

名古屋圏での気動車特急誕生

キハ81登場の翌年となる一九六一(昭和三六)年一〇月のダイヤ改正では、改良型となるキハ82が登場します。運転席前のボンネット内にあった発電セットを床下に収納することで、ボンネットを廃止して貫通扉をつけられるようにしたのです。このキハ82の増備により、地方幹線にも特急列車が運転されるようになりました。また、後年になってキハ81、キハ82、それに中間車のキハ80等を含めて、キハ80系と称するようになります。

名古屋圏でキハ80系が登場したのは、一九六五年三月の特急「くろしお」でした。前年に東海道新幹線が開通して、新幹線接続する南紀への足として登場したものです。同時に名古屋から関西本線経由で東和歌山（現・和歌山）へ行く特急「あすか」も登場しましたが、こちらは利用がふるわず、わずか二年半で廃止となっています。

続いて、国鉄のダイヤ改正でも特に有名な「ヨン・サン・トオ」と呼ばれる昭和四三年一〇月のダイヤ改正で、特急「ひだ」が登場します。同じくキハ８２使用で、名古屋〜高山〜金沢の運転でした。このとき、名古屋鉄道はキハ８０系に準じた外見のキハ８０００系を、名鉄犬山線から高山本線直通の急行「たかやま」として走らせていました。キハ８０の投入は、同列車に対抗する国鉄のサービス向上策でした。

車両収蔵エリアに展示されているキハ82

名古屋発の非電化区間用特急である「南紀」「ひだ」は、このような経緯を経て今のキハ８５系「（ワイドビュー）南紀」「（ワイドビュー）ひだ」となりました。その特急網構築に貢献したキハ８２も、リニア・鉄道館で見ることができます。国鉄特急色をまとい、先頭部に丸みを帯びた外観は、今みても洗練された美しさを見せてくれます。

山岳用特急形気動車キハ１８１系の登場

キハ８０系は高山本線や紀勢本線の高速化には貢献したものの、中央西線（名古屋〜塩尻）は勾配がきついために投入できませんでした。そこで、高出力エンジンの試作車キハ９０・９１を、まずは急行として中央西線に投入。その結果をうけて、キハ１８１系特急「しなの」が誕生しました。

キハ８０系は一八〇馬力のエンジン二基でしたが、キハ１８１系では五〇〇馬力の過給機（スーパーチャージャー）付エンジン一基となりました。これで、

急行「のりくら」として高山本線を走っていた頃のキハ91系

最高速度もキハ80系の時速一〇〇kmから、電車と同等の時速一二〇kmとなっています。

特急「しなの」は、中央西線と篠ノ井線を走る初の特急列車で、前述したヨン・サン・トオダイヤ改正で登場します。下りが名古屋発八時四〇分、長野着一二時五一分の所要四時間一一分でした。一時間後に発車する急行「きそ3号」の長野着は一四時二〇分で所要四時間四〇分でしたから、約三〇分の時間短縮を実現しています。さらに一年後にはスピードアップをして所要三時間五八分となりました。

キハ181系誕生の原動力となったキハ91系ですが、試作車ですので増備されることはなく、他形式と連結もできないことから、試験運転終了後は全一二両で単独運用をこなします。当初は181系「しなの」と同じ経路を急行「きそ」として走っていましたが、晩年は急行「のりくら」として高山本線を走りました。一九七六（昭和五二）年九月には運用からはずれ、その後に廃車となりました。いまなら華やかなさよなら列車が走るところでしょうが、最終列車には質素なヘッドマークがついただけで、見送る人もごくわずかでした。

車両展示エリアのキハ181-1。キハ82と似ているが、ヘッドライトの形状が大きく異なる

このように、名古屋からはじまった特急形気動車の高速化ですから、リニア・鉄道館にはゆかりの車両として、キハ181系のファーストナンバーが展示され

ています。特急「しなの」用として新製されたうちの一両です。キハ181系は、「しなの」に続いて奥羽本線「つばさ」にも投入されたあと、「しなの」「つばさ」の電車化による転配で、中国・四国方面で活躍しました。このキハ181－1も国鉄時代に四国へ渡っていたのですが、一九九四（平成六）年にJR東海名古屋工場にもどり、整備のうえ佐久間レールパークで展示、その後、リニア・鉄道館で展示されています。

振子電車381系が登場

中央西線では電化が進み、中津川以北に残っていた蒸気機関車も廃止されるのに合わせて、多くの箇所で複線化工事も進められました。その結果、世界初となる自然振子《ふりこ》式車両381系が特急「しなの」に投入されます。

振子式車両とは、カーブを曲がる際に遠心力で乗客の体がカーブの外側に持って行かれる現象を防ぐ「振子装置」を搭載した車両のことです。振子装置は車体傾斜装置の一種で、カーブで遠心力が働くと自然に車体が内側に傾くことで、乗客が遠心力を感じないようにするものです。この装置の採用により、カーブの通過速度を通常の車両より時速二五㎞も上げることに成功したのです。

381系電車は一九七三（昭和四八）年に、世界で初めての振子車両の営業列車として走りはじめます。その後、紀勢本線の西側や伯備線などにも投入されました。さらに、この機能を発展させた制御付き自然振子装置が開発されて、後継車である383系特急「しなの」などに使われています。振子式車両は、その後、海外でもいくつか

リニア・鉄道館に展示されるクハ381-1、後方は前身のキハ181-1

実用化されています。

振子式車両を開発するにあたって、国鉄技術陣は車体の重心を下げることに腐心しました。というのも、重心が高いと振子装置が効きすぎて過度に傾いたり、直線になったところで逆の傾きになっては戻るといったフラフラした動きになりかねないのです。そこで、屋根上には運転席以外、なにも載せていません。リニア・鉄道館では二階から見下ろすことで、その様子を他車と比較しながら確認できます。

他車の屋根上には、主に冷房装置とベンチレーター（換気装置）がついています。それらを、381系は床下につけたのです。ですから、床下には機器がびっしりと詰まっています。この点も見逃せません。また、客室内の窓間には、床下から天井へとダクトが通っている様子をみることができます。これが、床下の冷房装置から天井の冷風吹き出し口につながっているダクトです。

このように、クハ381－1を見るには、屋根上と床下、それに車内にも注目して下さい。きっと、リニア・鉄道館の見学がより楽しくなりますよ。

ＪＲとなって高頻度運転を実現

一九八七（昭和六二）四月一日に国鉄が分割民営化して、ＪＲ東海が誕生しました。その翌年三月一三日のダイヤ改正で、特急「しなの」を一日一〇往復から一六往復へと大増発しました。並行して開通した中央自動車道に対抗するための施策でしたが、その際、編成数を確保するため、九両編成を六両編成にしました。六両編成としたうちの三編成には「パノラマ車」と呼ばれる、前面展望と大きな側面ガラスを売りにしたグリーン車両を連結して、話題になりました。一日四往復の「しなの」に充当されていた、そのトップナンバーが、リニア・鉄道館に保存されているクロ381－11です。
クロ381　10番台は、サロ381という編成中間に連結されていたグリーン車を先頭車化改造したものです。パノラマ車は前頭部を流線形とし、大きな曲面ガラスを採用した鋼製です。その後部に客室がありますが、ここからはアルミ製車体となっています。運転席の床面は高床式をやめ、客室と同じ高さとしたうえで、仕切をガラス張りにしています。これと前頭部の曲面ガラスのおかげで、前面展望ができるようになったわけです。

さらに、パノラマ席の窓は、下辺を改造前と同じ高さとしながらも、上辺を一八〇㎜も上げた大きなガラス窓としました。それも、外見では連続窓となっています。床面も、JR東海としては初めて一五〇㎜上げたハイデッカー構造としました。これらによって、車窓の視野拡大を

リニア・鉄道館に保存されているパノラマ展望車クロ381-11

図ることができたわけです。これらの改造は、JR東海の名古屋工場で行いました。

これらパノラマ車に施した「大きな連続窓」と「ハイデッカー構造」は、同年末に登場したキハ85系に全面的に採用されました。その際、JR東海が同車に名づけた呼称が〝ワイドビュー〟です。今では、JR東海の在来線特急にはすべて〝ワイドビュー〟がついています。

▼キハ85系…ワイドビューひだ
　　　　　　ワイドビュー南紀
▼383系……ワイドビューしなの
▼373系……ワイドビューふじかわ
　　　　　　ワイドビュー伊那路

という具合です。文字どおり、車窓を眺めるのに適した、広い視野を誇る車両を使用していることから名づけられました。その〝ワイドビュー〟の誕生のきっかけを作ったのが、このクロ381　10番台ということを、ご理解いただけると思います。

その他の展示車両

ここまでに述べてきた以外にも、リニア・鉄道館には多くの展示車両があります。それら、ここまでに記せなかった車両達を、ここから順に紹介していきます。

お召し列車牽引機 C57 139

C57は、蒸気機関車の代表形式として知られるD51に続いて設計された機関車です。D51が一九三六（昭和一一）年からの製造開始なのに対して、C57形は翌一九三七年開始なのです。昭和初期に発生した金融恐慌の影響からようやく抜けだし、いよいよ本格的な経済回復を目ざしていた頃に、貨物列車用のD51と急行旅客列車用C57という名機が次々に登場したのは、決して偶然の産物ではないでしょう。

そのC57は、C55の改良型でした。一九三五年製造開始のC55と前述のD51までは、ボイラー圧力が一四気圧だったのですが、このC57以降は一六気圧に引き上げられています。ボイラー圧力が上がれば、それだけ牽引力が増します。さらに、国産特急旅客用の名機C51以来の直径一七五〇㎜の大型動輪を採用することで、高速性能も有しています。その動輪

スタイルの良さが自慢のC57形139号機

は、D51ではじまったボックス動輪です。それまで、動輪は輪芯と外周部を棒状のスポークで結んでいたところを、箱形に改めて強度を増したものです。ただし、完全な箱形にすると重くなるので、楕円形の穴を開けてあります。

これらの結果が良好だったことから、その後に開発されたC59を経て、狭軌世界最高速の記録をもつ前記C62誕生へとつながっていきました。

ところで、リニア・鉄道館のC57 139は、真っ黒な車体のあちこちに白い線が入っています。特に目立つのは、正面左右にある除煙板（デフレクター）上部にある三本線でしょう。そのほか、ランボード側面などにこれでもかというほど白い線が入っています。これほどにまでおめかししているのは、天皇陛下・皇后陛下が乗車される〝お召し列車〟を計一八回も牽引した機関車として、その牽引時の装飾を再現しているためです。

当時、お召し列車の牽引にあたるのは、もっとも状態のよい機関車と決められていました。そこに、ベテランの乗務員が乗務して運転するのです。その日に備えて整備も万全にされました。そんな様子を再現しているわけです。

同機は名古屋機関区に長年配属されていましたが、関西本線名古屋口の無煙化にともない、一九七一（昭和四六）年に廃車となります。とはいえ、前述のとおり現役時代の輝かしい活躍実績から、国鉄は準鉄道記念物に指定し、名古屋市千種区にあった中部鉄道学園に保存しました。同学園はJR東海となって社員研修センターになりましたが、リニア・鉄道館の建設が決まったことで同所からクレーンで運び出されました。また、社員研修センターは三島市にある総合研修センターに統合され、いまは跡地が再開発されています。

太多線を走った ケ90

リニア・鉄道館の屋外展示車両に、ケ90があります。変わった形式名ですが、ケは「軽便（ケイベン）」のケで、JR在来線の軌間（レールとレールの幅・ゲージ）一〇六七㎜より狭い七六二㎜軌間で使用する機関車です。

　国有鉄道が軽便鉄道を造ることはなかったのですが、ケの付く機関車がいくつか在籍していました。その理由は、大きく二つあります。一つは鉄道建設に際して使用する工事用機関車。もう一つは、買収した私鉄が使っていた機関車です。

太多線国有化でケ90となり、廃車後に教習用として生き延びた

　このケ９０は後者の例で、いま太多線と名鉄広見線となっている新多治見～広見（現・可児）～御嵩間で、一九一八（大正七）年一二月二八日から一九二六年九月二五日まで営業をしていた東濃鉄道で活躍していました。この東濃鉄道は、後に登場する笠原線と駄知線を運営し、いまもバス会社として盛業中の同名の会社とは無関係の会社です。

　なお、太多線をみると判るとおり、国有化されたのは多治見～広見間だけでした。広見～御嵩間は、その後に開通して今は廃止されている伏見口（現・明智）～八百津間とともに東美鉄道を経て名古屋鉄道となっていますが、太多線部分も、国有化時には東美鉄道となっていました。

　余談ながら、いま名古屋鉄道の新可児駅が頭端式となっていて、犬山方面と御嵩方面が同じ方向に発車するのは、もともと、現・太多線が御嵩方面に直通する線形となっていたためです。その後に太多線が美濃太田まで開通し、名鉄が犬山から新可児までの線路を敷いたことで、いまの線形となったようです。

　国有化された太多線は軌間を一〇六七㎜に改軌しましたが、改軌までの工事用に機関車が必要だったため、国有鉄道の形式であるケ９０がついたのでした。ちなみに、東濃鉄道・東美鉄道時代の形式は、最初の機関車ということで「A」だったそうです。大日本軌道鉄工部製という国産ですが、二両在籍していて、もう一両はケ90形ケ91です。

二両のケ90形は一九二八（昭和三）年九月まで活躍したものの、その後に活躍の場がなくなって一九三〇年五月に廃車となります。その際に二両とも浜松工場に移されたようですが、構造が単純なためか解体されることなく保管され、一九三五年三月にケ90が名古屋鉄道局の教習所に教材として展示されます。前述のC57　139と同じJR東海の社員研修センターです。両機は永らく同地で並んで保存されたうえで、同じ日に搬出されてリニア・鉄道館にやってきています。

教習用として、内部の構造が判りやすいようボイラー部やピストン部などが切り開いてあり、リニア・鉄道館でもその状態で見学ができるようになっています。

米国製直流電気機関車　ED11　2

スピード感あふれる車両がいっぱいのリニア・鉄道館にあって、ちょっとスピード感を感じにくいのが、

電気機関車国産化のために輸入された米国製ED11 2

このED11と次に紹介するED18でしょう。箱形の電気機関車で、華麗さとは無縁のように見えます。ところが、元を正すと、これが日本の鉄道の発展には欠かせなかった機関車であることがわかります。

日本の鉄道は、よく知られている通り、一八七二（明治五）年の新橋～横浜間開業にはじまります。当時、イギリスの技術を輸入して開業したわけで、技術的には世界に後れを取っていました。大正時代になり、東海道本線と横須賀線の電化が計画されたため、牽引する電気機関車を輸入する必要に迫られました。当時、蒸気機関車はようやく国産化されつつありましたが、電気機関車のノ

ウハウはなかったのです。

そこで、一九二二（大正一一）年から翌一九二三年にかけて五形式が、アメリカ・スイス・イギリスから輸入され、その後も一九二六年まで輸入が続きました。ただし、その多くがサンプル機で、輸入後にその技術を学び、利用して、早急に国産機関車を設計・製造する前提でした。その最初のサンプル機五形式のなかに、このＥＤ１１　２がありました。アメリカのゼネラル・エレクトリック社製です。

それ以前の電気機関車は、信越本線碓氷峠に導入されたアプト式のＥＣ４０とＥＤ４０だけでした。つまり、日本の鉄道電化の最初期にサンプル輸入され、その後に電化鉄道王国となる日本の基礎を築いた電気機関車のうちの一両なのです。

輸入後に東海道本線の貨物列車牽引に活躍したあと、伊東線で旅客・貨物列車を牽引していたそうです。輸入されたのは二両ですが、伊東線での役目を終えたあと、１号機が西武鉄道に譲渡され、２号機は国鉄浜松工場の入換機となりました。浜松工場では車籍が無くなっていましたが、浜松工場へ行けば、塀の合間から元気な様子が見られるということは、当時、鉄道好きの間で比較的知られていたことでした。

さて、ＥＤ１１形をもう少し詳しく見てみましょう。まず目に付くのは、リベットでしょう。鋼板を車体を形作る構造物に打ち付けたときにできる、点々と見える突起です。側面は律儀にマス目で打ち込まれていますし、運転席前面も上下左右や窓回りなどにリベットがみられます。連結器は、運転席前のデッキと一体になっています。後述する英国製のＥＤ１８は連結器が台車につながっていますので、ここにも設計思想の違いが感じられます。

英国製直流電気機関車　ＥＤ１８　２

サンプルとして輸入した電気機関車五形式のうち、評価が高かったのはイギリスのイングリッシュ・エレクトリック社製１０３０形でした。そこで同社製機関車を大量増備することとなるのですが、そのなかに１０４０形がありました。後の車両称号規程改正によりＥＤ５０となり、さらにＥＤ１７となります。

　ＥＤ１７は、前後に各二軸の動輪をもつＢ－Ｂという軸配置でした。それを、ローカル線に入線可能とするために、動輪の間に遊輪を入れて前後ともにＡ１Ａ－Ａ１Ａという三軸に改造したのがＥＤ１８です。一軸増やすことで、軸重の軽減ができたわけです。リニア・鉄道館のＥＤ１８　２は、この特殊な軸配置の台車を間近に観察することができます。

性能の良さで輸入され、後に改造を受けた英国製ED18 2

　ローカル線用に改造されたＥＤ１８は三両でしたが、仲良く飯田線の北部で活躍していました。当時、ＥＤ１８より少し遅れて輸入された、アメリカのウェスティング・ハウス社製ＥＤ１９も飯田線に入線していて、両機ともに飯田線北部にある伊那松島機関区（現・運輸区）に全機が配置されていました。

　また、電車も〝旧国〟と呼ばれる国電区間で走っていた通勤用電車ばかりが飯田線に集まっていました。なかには、後述する流線形の電車モハ５２もいました。そのため、国鉄の現役蒸気機関車が廃止される頃には、飯田線が鉄道好きの注目を集め、同線を訪れる人が増えていきました。筆者もその一人です。

　しかし、そんな時代も長くは続かず、ＥＤ１８は廃車となります。後継となった、国産機ＥＤ６２にその場を譲ったのでした。

　廃車となったＥＤ１８ですが、２号機だけが浜松工場の入換機として余生を送ることになりました。ただし、車籍はなくなったので、本線に出ることはありません。当然、遠からず後継機にその座を譲って、解体されてしまうものと思っていました。

　ところが、奇跡が起きます。国鉄が一九八七（昭和六二）年四月一日に分割民営化されてＪＲ東海が誕生すると、歴史ある車両を大切に保存しようとの動きがでてきたのです。そして、一九九二（平成四）年四月、ついにＥＤ１８　２がイベント列車として本線復帰を果たします。牽引するのは、飯田線を走るトロッコファミリー号でした。

トロッコファミリー号は二〇〇六年まで走りますが、ＥＤ１８　２はその前年の二〇〇五年に惜しくも引退しました。その後、浜松工場にて保存されたうえで、いまはリニア・鉄道館に展示されているというわけです。

国産電気機関車の花形EF58　157

ＥＦ５８は、電化が進む東海道本線と高崎線という幹線用に登場した、当時の花形機関車でした。一九五六（昭和三一）年の東海道本線全線電化時には、最優等列車だった特急「つばめ」「はと」の牽引機となったほどです。その際、ＥＦ５８は一二両編成の客車とともに淡い緑色に塗った専用編成としたことから、〝青大将〟と呼ばれました。さらに、６１号機はお召し列車けん引専用機として誕生、その予備機として６０号機も存在するなど、その経歴は実に華麗です。

このように、ＥＦ５８はスマートなボディと華麗な経歴から人気がありました。設計は終戦直後からはじまり、翌一九四六年にはやくも登場します。当時は先台車部分がデッキになっていて、ボディは動軸上だけに位置していました。ところが、当時主流だった暖房用の蒸気発生装置をもっていません。この頃、旅客列車の主流は客車列車で、さらに牽引機の多くは蒸気機関車でしたの

戦後生まれの旅客用直流電気機関車EF58　157

で、蒸気機関車が作る蒸気を客車に引き込んで冬場の暖房をしていたのです。

電化区間を走るにもかかわらず、機関車の次位に暖房用の蒸気を作る車両を連結し、煙を上げながら走るのはいかにも時代遅れです。そこで、一九五二年製造の35号機からは、暖房用の蒸気発生装置を載せることにして、車体をデッキ上まで延長、運転席を先台車上に配置した流線形車体となりました。この姿で、一九五八年度新製の175号機まで製造されました。(32~34号機は貨物用EF18として登場したため欠番) さらに、デッキ構造だった初期車も、順次流線形へと改造されました。

リニア・鉄道館に保存されている157号機は、一九五八年製という最晩年の新製車です。ちなみに、ブルートレインの元祖といわれる20系客車が登場した年です。

後継となる直流電気機関車EF65の登場でブルートレインけん引からは次第に遠ざかりましたが、蒸気発生装置を積んでいることから、東海道本線を走っていた荷物列車には、永らく使われ続けました。登場時はリニア・鉄道館に保存されているとおり茶色いボディでしたが、その後、前述の60号機と61号機を除いて、順次青色に正面がクリーム色という塗装に変更されていきました。

第一線から引退して、飯田線でED18とともに「トロッコファミリー号」の牽引機となったとき、JR東海には157号機と122号機の二両が在籍していて、交換用のレールを運ぶ工事用臨時列車などでもその活躍の様子を見ることができました。

ところで、EF58は全長が一九・九mと機関車にしては長く、二〇mある客車とほぼ同等です。さらに、先台車があるため、客車よりもカーブ区間でのオーバーハングが大きくなります。このことから、飯田線ではかつて貨物用として活躍したEF10とともども、南部にしか入線できませんでした。そこで、国鉄からJR東海になったあと、急カーブにあった田切駅を少し南の直線部分に移設しました。また、同じく急カーブにある切石駅のホームを改修しました。これで、飯田線北部までEF58が入線できるようになって、イベント列車等でその姿が見られるようになりました。

戦後初の一等寝台客車　マイネ40　7

マイネ40　7は、車両収蔵エリアの向かって右から四両目にあります。製造は一九四八（昭和二三）年で、終戦からわずか三年というまさに戦後の混乱期にできた車両です。実際、進駐軍の第三鉄道輸送司令部（MRS）の要求で新製をはじめたものの、その後に製作を白紙撤回されて製造途中の車両が宙に浮くなど、紆余曲折を経て誕生した形式でした。それも、要求された仕様書に合わせて設計したことから、実際の利用には製造後すぐの改造なども必要でした。

車体側面に「J.G.R.」の文字が記されているマイネ40 7

そのなかで画期的だったのは、一等寝台車でありながら二軸台車を使用したことでした。戦前の一等車は、より乗り心地の良い三軸台車を使用しており、これを機に一等車も二軸という新たな潮流となります。もっとも、冷房装置など床下機器を多く搭載するために三軸台車を使用することができなかったという理由だったようです。また、新製してみたものの乗り心地が芳しくないため、他形式の台車と交換して乗り心地を改善するようなこともしています。

マイネ40　7の側面白帯部には、「J．G．R．」と記されています。Japanese Government Railwaysの頭文字をとったものです。直訳すると日本政府鉄道ですよね。なぜ日本国有鉄道の略称「J．N．R」ではないのでしょうか。それは製造年に原因があります。

マイネ40形二一両が新製された一九四八年当時、国有鉄道は運輸省が運営する国の直轄組織でした。日本国有鉄道となるのは、翌一九四九年六月一日のことなのです。標記一つにも、その時代背景があることをご理解いただけることでしょう。

さて、マイネ40は車内が大きく二つに分かれています。寝台車両では少なくない構造ですが、その一方は二名用コンパートメント（当時は〝区分室〟と呼んでいた）で、JR「北斗星」の二名用A個室寝台「ツインデラックス」と同じく、線路と直角方向に上下二段ベッドがあり、洗面台もついていました。

もう一方は通路を挟んで左右にボックスシートが並ぶ開放室ですが、そのシートの背もたれをずらすと下段寝台となり、上段寝台は頭上壁側に収納されていました。つまり、レールと並行に寝る構造です。列車寝台では多くない構造です。

どちらも一等寝台ですが、開放室には洗面台がないため、開放室側の車端部に洗面台とトイレがあります。コンパートメントは前述の通り洗面台付きですので、車端部にトイレだけがあります。つまり、一両の寝台車の前後にトイレがついているという珍しい仕様です。トイレ部分は窓ガラスが透明でないので、それと判ります。

鋼製客車　オハ35　206

オハ35は、戦前の一九三九（昭和一四）年から戦後の一九四九年までの十年間に、一三〇八両も造られて国鉄客車の標準スタイルを確立した客車です。

車体長二〇mの鋼製ボギー車で、窓ガラスの製造技術が上がったために幅一mの大型窓を三等車（後の普通車）で初めて採用しました。これにより、明るい車内を実現するとともに、四人掛けボックスシート毎に一枚のガラス窓となり、乗客の視野を窓の桟が二分することがありま

国鉄客車の標準スタイルのオハ35

せんでした。

定員は八八名で、同じ構造で車掌室がついた定員八〇名のオハフ３３とともに、国鉄時代の客車列車といえば当たり前のように連結されていた客車です。ただし形態はさまざまで、オハ35だけでも多くの種類があるうえ、オハ３５〝系〟と定義すると、一等寝台車から荷物車まで多車種がある系列です。

リニア・鉄道館に保存されている２０６は、窓の上下に補強材のシル・ヘッダーがリベット止めされていて、車端部の屋根が丸まっている初期の典型的なオハ３５標準スタイルです。

車内公開時には、床の『タンツボ』に注目

車内は、廊下の左右に一一のボックスシートが連なっています。鋼製車ですが、椅子の肘掛け、背も持たせ、壁などは木製です。鋼材より木材が安かった、いまとは逆の時代が産んだ内装といえましょう。

シート上部には文字どおり網が張ってある網棚があり、天井には白熱灯がともっています。戦後、蛍光灯が普及するとともに、白熱灯は次第に蛍光灯に取り替えられていきました。そのため、晩年まで白熱灯で走っていた車両は多くありませんでした。

オハ３５　２０６は車両収蔵エリアにあるため、通常は車内が非公開です。その車内が公開された際、ぜひ注目していただきたいのが床にある穴です。

写真は、その穴の内部を開けて取り出してもらったところを撮った写真を、矢印の先に表示しました。これ、なんだか判りますか？　『タンツボ』です。「痰壺」と書きます。喉が詰まった時に痰を吐きますが、その痰を吐き捨てるための容器なのです。かつて結核は国民病ともいわれ、不治の病として恐れられていました。結核は結核菌の感染が原因ですので、一九一九（大正八）年には結核予防法が制定され、国を挙げての対策がとられます。その施行規則には、人が多く集まる列車や駅は感染する可能性が高いだけに、痰壺を設置するように義務づけたのです。

幸い、戦時中にストレプトマイシンという特効薬が開発されたお陰で、戦後、結核患者は急速に減少します。一九五一（昭和二六）年に改正された結核予防法施行令では、当該条文が廃止され、二〇〇七（平成一九）年には結核予防法そのものも廃止されました。

優等列車用客車 スハ43 321

華やかな車両がならぶリニア・鉄道館において、少々地味な雰囲気があるこのスハ43ですが、かつては特急「つばめ」に使用されたこともある形式です。戦後に優等列車が再び走ることとなって設計・新製された車両のうちの一形式で、リニア・鉄道館のスハ43 321は、一九五四（昭和二九）年に新潟鉄工所で造られたものです。当時は蒸気機関車牽引が当たり前でしたので、この茶色い塗装が基本でした。

その後、電車や気動車が登場すると、スハ43の設備は見劣りするようになります。この頃には、電気機関車やディーゼル機関車が牽引するようになっていましたので、一九六一年からの近代化工事に合わせて、より明るい青い車体へと塗り替えられていきます。

客室窓の上下に、前記オハ35と同じくシル・ヘッダーと呼ばれる補強板が付けられています。二〇メートルの長い車体が、中央で垂れ下がったりすることがないようにと付けられたものですが、その後に登場する

特急「つばめ」にも使われたことがある戦後製客車

10系軽量客車や、20系以降の新系列客車からは見られなくなるものです。

車内の座席は四人掛けのボックスシートですが、優等列車用に前後幅を従来より一五㎜拡大して、向かい合って座る人との間に少しゆとりをもたせています。廊下側に頭もたせがついているのも、優等列車用ならではです。天井には丸型の蛍光灯が二列に並んでいるので、当時としてはかなり明るい車内でした。一方、いまや珍しくなった網棚と扇風機がついているところも見逃せないところでしょう。

窓際には「JNR」マークのついた灰皿があります。当時は喫煙が当たり前で、禁煙車などありませんでした。そこで、各座席にはこのように灰皿が用意されていたのです。その灰皿のすぐ上、テーブルの下部に栓抜きがあります。飲料水が瓶入りだったころ、その瓶の栓(王冠と呼んでいました)を抜くためのものです。いまや缶入りやペットボトルで販売されるのがあたりまえとなっていますが、ビールはもちろんのこと、ジュースもコーラも瓶入りだった頃、この栓抜きは長距離旅客にとっての必需品だったのです。

軽量寝台客車 オロネ10 27

戦後の復興が進むと、国鉄の利用が年々増大するようになりました。ところが、当時主力だった蒸気機関車では、牽引両数に限界があります。そこで、当時の最新技術を使った10系軽量客車が設計されました。

一九五五(昭和三〇)年に試作車が誕生し、続いて寝台車が登場、さらに座席車も量産されることになります。新製された車両は、既存車両と置き換えるだけで良いので即戦力です。この柔軟さが、その後に主流となる固定編成車両と大きく違うところといえましょう。

10系客車は、軽量化のために車体の側面が少し湾曲しています。写真をみても、側面のライン部分が最も膨らんでいることが見て判ります。この膨らみで車体強度を増しているのです。さらに、大きな窓の上下はツルンとしています。シル・ヘッダーがなくなっているのです。

リニア・鉄道館では、オロネ10とマイネ40が並んでいます。それも、車端部が見学者側に向いていま

軽量客車は、窓周りがスッキリしているところが外観の特徴

すので、ここに記した構造の差を自分の目で確認するのに、とても適しています。

　通常非公開の車内を見てみましょう。通路を挟んで左右にボックスシートが並んでいます。このボックスシートは、背ずりを倒すと下段寝台になります。つまり、枕木とは直角に、レールと同じ方向に寝ることになります。窓下のテーブルは、寝台使用時に邪魔にならないよう、開閉式になっていることも見て取れます。窓の上には、上段寝台が収納されているボックスが見えています。

　このように個室でない開放式で、座席を倒して寝台にする方式を、プルマン式寝台とも呼びます。かつて英米の寝台車営業で名を馳せたプルマン社が提供するのが、主としてこのタイプの寝台車だったためのようです。

　10系客車の技術は、一九五八年に登場する日本のブルートレインの元祖、20系固定編成寝台客車に引き継がれます。さらに、その後につづく新系列客車も、同じような軽量構造となりました。一方、このオロネ10は一九五九年の新製ですから、20系寝台車よりも後の登場です。これは、寝台特急列車には20系をはじめとした固定編成を使用する一方、当時、急激に需要が増えていた夜行急行列車には、A寝台車を増結することを意味していました。

　ちなみに、リニア・鉄道館で見られるオロネ10 27は一九六〇年製です。この年まで寝台車は三等級制でしたので、新製時には二等寝台車でした。ところが、翌一九六一年に二等級制になったため、一等寝台車と呼ばれるようになりました。さらに、一九六七年に等級制が廃止され、A寝台車となっています。このときに座席車も、一等車・二等車から、今も続くグリーン車・普通車に呼び方が変わりました。

鋼製荷物客車　スニ30　95

リニア・鉄道館の展示フロアの一番奥・車両収蔵エリアの向かって一番右端にあるのがスニ30　95です。一九二九（昭和四）年にスニ36660として誕生しました。木造だった車両を、高速化に対応する車体強度とするために鋼製で設計されたオハ31系客車グループの一員です。設計段階でメートル法を全面的に採用した、初めてのグループでもあります。その全長は一七mとやや短く、同年から製造が始まったスハ32系客車から、全長の基本が二〇mとなりました。

　スニ30の〝ニ〟は荷物用を意味します。もともとは旅客の荷物を預かるために連結していた車両で、いまでも海外の豪華列車では客車編成の端に連結されているケースがあります。ただし、日本の場合は、乗客の荷物（手荷物）とともに、小荷物と呼ばれる小口輸送に荷物車が使用されていました。この手荷物と小荷物をあわせて手小荷物と呼び、チッキとも呼ばれていました。

　スニ30はこのような荷物専用の客車ですが、一端に車掌室が付いています。荷物の管理や、到着駅での荷物の授受をするために、車掌さんが乗務する場所です。リニア・鉄道館に展示してあるスニ30は、車両展示エリア側にこの車掌室があります。内部を見られるように貫通扉が開けてありますので、ガラス柵越しになりますが、ぜひご覧下さい。

車両収蔵エリアに並ぶ展示車両の一番右側がスニ30　95

　スニ30の本来の役割である荷物室ですが、内部は写真のようになっています。ここは通常非公開で、特別に撮影させてもらったものです。先に鋼製車体と記しましたが、内部はこのように床から天井まですべて木製です。このような車両を半鋼製車両と呼んでいます。荷物を置くのに、傷が付きにくい木製内装は好ましいですが、当時はそのような目的ではなく、単に木製品の方が鋼製品より安かったための仕様でした。いまの時代は逆ですので、耐燃性の意味もあって鋼製が基本となっています。

ただし、雪国などでは、冬季に車内で滑って転ぶことがないよう、敢えて床だけ木製にしている例はありま

荷物室内は床から天井まで木製

した。また、近年は技術の発達で木製品を難燃性に加工することができるようになりましたので、豪華観光列車では敢えて内装に木製品を使用する車両も多く登場しています。

オイラン車　オヤ31 12

オイラン車を知っていますか？　花魁《おいらん》といえば、吉原遊郭で高い地位にあった遊女を指す言葉です。それが、なぜ鉄道車両に…？

写真を見て下さい。なんだか変わった車両ですよね。車体の全周にわたって、針のようなものが突き出しています。これが、花魁が頭にかんざしをつけている様子に似ているとして、つけられた呼称が「オイラン車」です。でも、こんな車両は見たことがないですよね。それもそのはず、営業線では通常見られない「建築限界測定車」と呼ばれる事業用車なのです。

線路には「建築限界」と呼ばれる、その内側には一切のものがあってはいけない範囲が決められていま

す。その範囲より少し狭く「車両限界」が決められていて、車両の設計・改造の際には、この限界を超えないようにします。そのお陰で、どこに接触することもなく安全に列車を走らせることができるわけです。

　さて、新線を造ったり、カーブを緩くするために線路を付け替えたりした場合などには、試運転列車を走らせる前に、その構造物が建築限界を守っているかを確認しなければなりません。その時に登場するのが、このオイラン車です。

オイラン（花魁）車の異名を取るオヤ31の接触式センサー

　針のように車体から出ているのは測定用腕木という接触式センサーで、その先端が建築限界で決められた場所となっています。つまり、建築限界内に何かあれば、このセンサーが触れて判るというわけです。

　線路はまっすぐでなく、カーブもあります。カーブ区間では、台車位置の関係で車両端がカーブの外側にせり出すほか、車両中心部はカーブの内側に入ります。そのため接触式センサーは、車両の両端と中央の計三箇所に設けられています。線路際には、信号機、架線柱、キロポスト、勾配票をはじめ、大小様々なものがあります。そのどれもが建築限界内にあってはいけないので、その確認用に造られた車両というわけです。

　オヤ３１は、五両が国鉄からＪＲ四国を除く旅客五社に一両ずつ引き継がれました。そのうちＪＲ東海に引き継がれたのが、この12号車です。同車を含めてすでに三両が廃車となっていて、いまも現役なのは、ＪＲ北海道の32号車とＪＲ西日本の31号車の二両となっています。

　一方、オヤ３１をさらに発展させ、レーザーによる非接触式センサーにしたものや、カメラで録った画像を処理することで確認する方法などが実用化されています。

鉄道記念物の蒸気動車　ホジ6014

蒸気動車とは、なんとも不思議な名称ですよね。蒸気機関車の装備を積み、一両だけで煙を吐いて走る客車です。

蒸気動車は、さほど旅客需要が多くない線区のために開発されました。というのも、強力な蒸気機関車に一～二両の客車を牽かせるのは効率が悪いうえ、終点駅で折り返すのに、機関車を客車の反対側に機回しする手間がかかるからでした。その点、蒸気動車は両端に運転台があるため、ローカル線をピストン運行するのに適しているのです。

蒸気動車は、当初、自動車とか自働車と呼ばれていたようです。その「自」から、形式がホジとなったようです。その後、汽動車と呼ばれるようになり、さらにディーゼルエンジンやガソリンエンジンを使った内燃車が普及するにつれ、「汽」を「気」に代えることで、今も使われる気動車という語ができたとのことです。

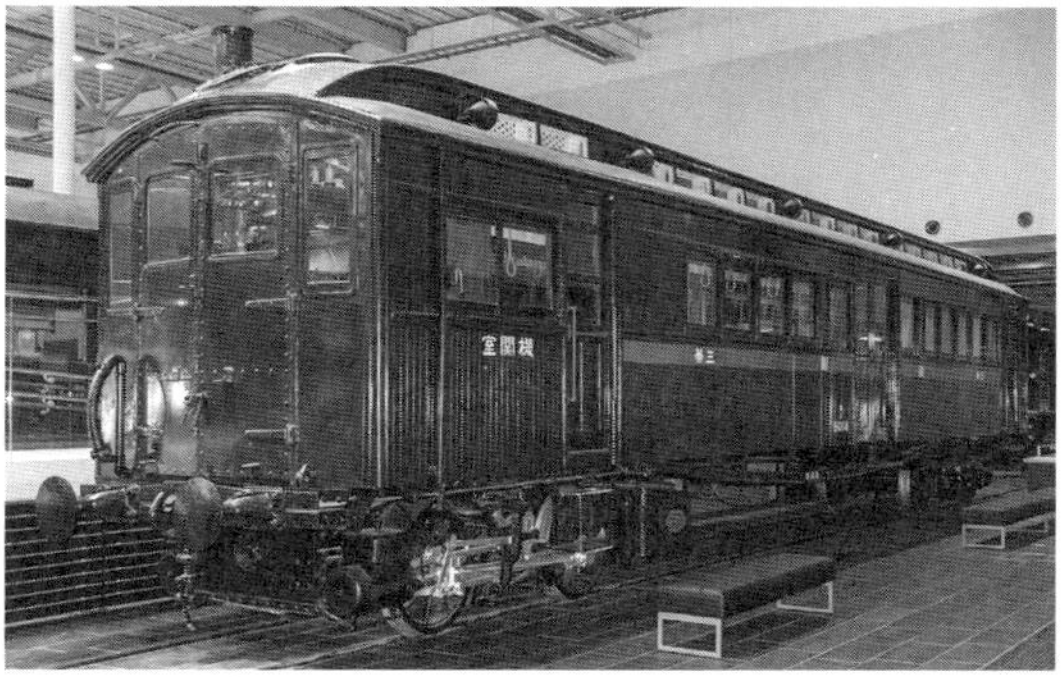
日本で唯一保存されている蒸気動車ホジ6014

リニア・鉄道館に保存されているホジ６０１４は、日本で唯一保存されている蒸気動車です。その車体前方の「機関室」と書かれた部分の下に、ピストンとロッドで結ばれた走り装置が見られます。その上に蒸気機関があり、屋根の上には煙突が突き出しています。

日本では一般的だったこの蒸気動車の方式を、工藤式と呼びます。汽車会社の工藤兵治郎という設計掛長が、輸入されたハンガリーのガンツ社製蒸気動車などを参考に、日本の技術にあわせて、機関走行部を独立した仕様で設計したということです。

明治末期から昭和初期にかけて活躍した蒸気動車ですが、その後に増備されることはありませんでした。それは、ディーゼルエンジンやガソリンエンジンが急速に発達して、内燃車が製造されるようになったことが最大の理由です。内燃車は運転士と車掌の二名乗務で良いのですが、蒸気動車の場合には、石炭をくべる助士も必要だったのです。

ところで、蒸気動車は後進する際、どのように加減速していたのでしょうか。機関は前部にしかありません。蒸気機関車は加減弁という自動車のアクセルに相当する装置で加減速します。蒸気をピストンに送る量を調節する弁です。蒸気動車は、この加減弁にワイヤを結び付け、屋根上を通して後部の運転席につなげていました。また、車内の吊り手を取り付ける棒の中を空洞とした伝声管を通して運転士と助士が話し合うことができるようにしていました。

リニア・鉄道館では、蒸気動車の車内はもちろんのこと、二階デッキから屋根上も見られます。見学時には、天井の加減弁用のワイヤー二本も見落とさないようにしましょう。

このホジ６０１４は、一九一三（大正二）年三月に新製されました。まずは神戸鉄道管理局に配属され、四年後に門司鉄道管理局に転属しています。そのまま北九州で活躍しましたが、戦時下の一九四四（昭和一九）年一月に廃車となりました。老朽化のためで、戦後に名古屋鉄道が蒲郡線用にと譲受しますが、結局使うことはなく、犬山遊園地に保存されます。いま名鉄犬山ホテルが建っている所にあった遊園地です。

一九六二年に鉄道記念物に指定されるのですが、その頃、明治村を開村する計画があり、国鉄は同村に展示予定の東京・目黒にあった西郷山寮と、蒸気動車を交換することで名古屋鉄道と合意します。国鉄の手に戻った蒸気動車は、名古屋工場に入って復元され、同工場の門の近くに保存されました。

さらに、一九六七（昭和四二）年には同車を明治村に貸し出し、二〇〇九（平成二一）年一二月に運び出されるまで、明治村で展示保存されていたのでした。ちなみに、西郷山寮はいまも西郷従道邸（重要文化財）

として明治村に展示されています。

このホジ6014は、一九一四（大正三）年の称号改正でジハ6006となりました。さらに、一九二八（昭和三）年の称号改正では、今に続くキハ、モハ、DE、EFといった称号になります。このとき、キハ6401となりました。明治村に保存されていた頃の車体標記です。

気動車の先駆車　キハ48000形

日本の鉄道がはじまった頃は、客車も貨車も蒸気機関車が牽引していました。ところが、長い編成を牽引できる蒸気機関車を、わずかな乗客しかいないローカル線に使うのは効率が悪すぎます。その対応として、前述の蒸気動車が誕生したわけですが、内燃機関の発達でディーゼルカーやガソリンカーといった気動車が造られます。

しかし、当時の気動車は機械式…つまり、自動車でいうマニュアル車でしたので、一両での運転が基本でした。乗客が多いからと二両で運転する場合には、二両それぞれに運転士が乗り込み、タイフォンを鳴らして加速や減速の合図をしていました。昭和末期まで存在した鹿児島交通では、廃止までその様子が見られ、筆者はそんな運転を興味深く見た記憶があります。

気動車の普及に大きく貢献したキハ10系の一員キハ48036

戦後、輸送需要が増えるのに合わせて、連結しても一つの運転台から他の車両に加減速の指示がだせる総括制御の開発がはじまります。

総括制御には大きく二方式あります。一つはエンジンで作った電気でモーターを回す電気式、もう一つは液体式変速機を使います。液体式は、自動車でいうオートマ車です。この両者が昭和二〇年代後半に実用化されますが、液体式の方が将来性があるとして、すぐに液体式に一本化されました。それがキハ１０系気動車です。

　リニア・鉄道館のキハ４８０３６は、キハ１０系としては最後の方となる一九五六（昭和三一）年の新製で、翌年には称号規定改正によりキハ１１　２６となりました。キハ４８０００は、キハ４５０００（キハ17）に代表されるキハ10系のなかで、両端に運転台があり、トイレと洗面所がある形式です。ただし、リニア・鉄道館のキハ４８０３６は、現役時代にトイレと洗面所が撤去されています。

　その車内をみると、ズラッとボックスシートが並んでいますが、良く見ると窓側はもちろんのこと、通路側にも肘掛けがありません。これは車体幅が二六〇三㎜と狭いため、肘掛けをつけると二人で座れないケースがあるためのようです。それほど狭いものの、窓側に灰皿がついている点が、時代を感じさせます。

　ちなみに、同車新製の翌年となる一九五七年からキハ20系という後継シリーズが登場しますが、こちらは車体幅が二八〇三㎜と二〇〇㎜広がったため、通路側に肘掛けをつけることができました。

　もう一点、キハ１０系の特長だったのが、上下二段に分かれた側窓の上段が楕円をしていたことでした。俗に「バス窓」と呼ばれていますが、戦後日本のバスで流行った窓の形状のようです。網棚受けがやや装飾されているところや、天井にグローブ型の灯具があるところにも、昭和三〇年代当初を感じさせます。

国電の始祖　モハ1形式モハ１０３５

「国電」という言葉をご存知でしょうか。国鉄時代に、首都圏と京阪神などの通勤用電車が走る区間を総称していました。ただし、通勤用でも中距離電車は対象でなく、山手線・京浜東北線・中央線といった三扉以上のロングシート車が長い編成を連ねて各駅停車で頻繁に走る区間を指していました。また、その区間を走る電車も国電と呼ばれていました。その国電の始祖といわれるのが、リニア・鉄道館に展示されているモハ１形式モハ１０３５です。

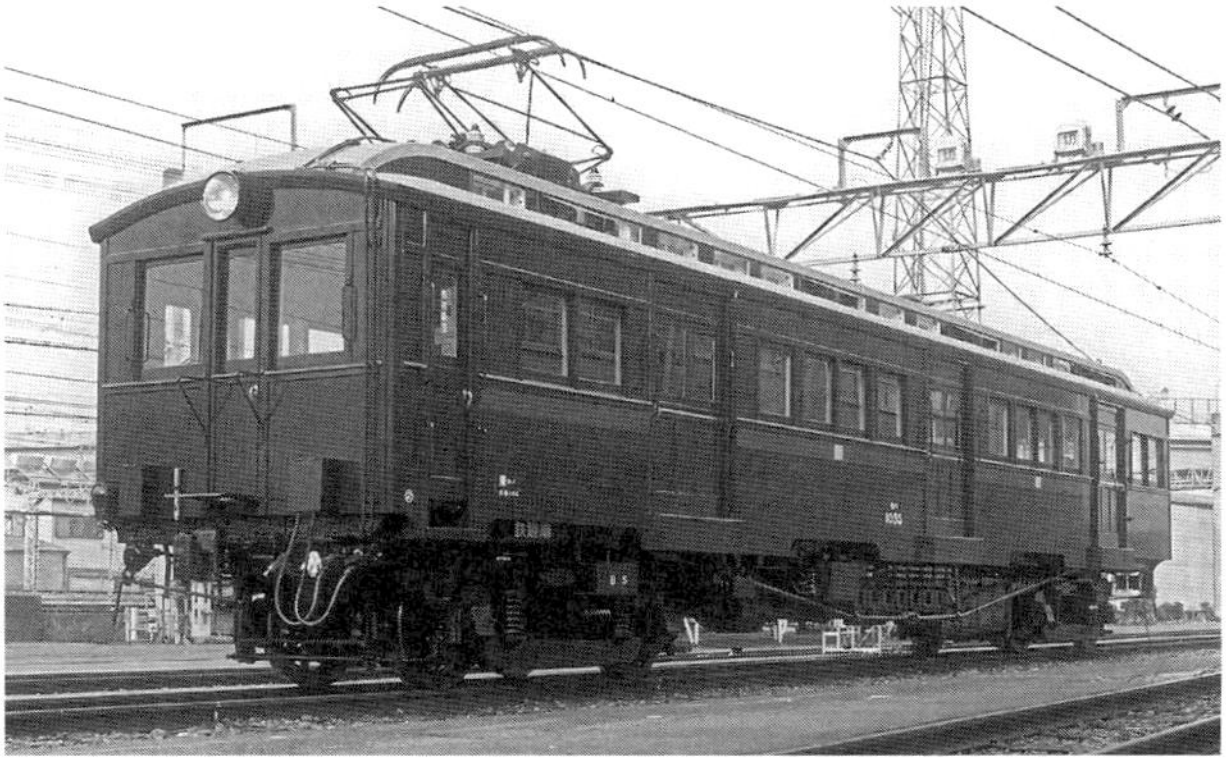
国電の始祖といわれるモハ1形式

モハ1形式は大正時代に三期に分けて製造されていますが、その二期目にあたる一九二一（大正一〇）年に製造されたうちの一両です。一期目にはなかった、乗務員室への独立した扉が設けられています。客室は三扉ロングシートで、つり革がズラッと並んでいる形がその後の国電の基本となったことから、国電の始祖と呼ばれているのです。

なお、製造当初は国鉄ではなく鉄道省だったため、国電ではなく省電とか省線と呼ばれていました。また、一九二〇年の鉄道省発足以前は鉄道院でしたので、院電とか院線と呼ばれていました。国電と呼ばれるようになったのは、戦後に国鉄が発足してからのことです。そのため、国鉄がＪＲになった際には国電に代わる呼称としてＥ電が考案されましたが、これは定着せず死語となり、それに代わる言葉も見当たりません。

リニア・鉄道館のモハ１０３５は、鉄道省が製造した木造電車で唯一現存するものです。首都圏で活躍後に、飯田線の前身の一つである三信鉄道に譲渡され、その後、大井川鉄道に移ったうえで廃車となりました。それをＪＲ東海が譲受して、一九九七（平成九）年に名古屋工場で原形へと復元しました。復元後は飯田線の伊那松島運輸区の庫内で保存され、イベント時に公開されていましたが、リニア・鉄道館が開設されるにあたり移動してきたものです。ちなみに、ここで紹介している写真は、名古屋工場で復元された際に報道公開したときに撮影したものです。

車内に入ると、木造車だけに木目がきれいで、ほれぼれとするほどです。ずらりと並んだつり革の上には、明かり採りのためのモニター窓が並んでいます。このために、外観ではダブルルーフとなっているわけです。

一方、乗務員室に独立した扉はあるものの、運転台は驚くほど簡素です。機器類のシンプルさはもとより、椅子も実にシンプルです。さらに、乗務員室扉の上部に扉開閉装置もありません。というのも、大正時代にはドアエンジンがなく、扉は手動で開け閉めしていたためです。冷房装置ももちろんないため、運転席前方の窓が客室窓と同様に開けられるようになっていることも、昨今の鉄道車両とは大きく異なっています。

このように、まさに発展途上の段階にあった電車の様子を、現物を目の前にして理解できるのが、リニア・鉄道館の楽しさであり有意義さといってよいでしょう。

初の鋼製電車が母体のクモハ12041

戦前の国鉄（当時は鉄道省）車両は、黒色か茶褐色、台車は黒色塗装が基本でした。電車も例外ではなく、関東や関西で活躍した近郊形のいわゆる「国電」も、茶褐色塗装でした。当時は蒸気機関車が主力で、その煙で汚れるための対応だったと思われます。カラフルな車両が多くなった昨今の鉄道車両とは、ずいぶん違いますよね。

その茶褐色の電車も、当初は木製車体が多かったのですが、車両の大型化、高速化、高加減速化による車体強度の増大と、類焼の苦い経験などから、鋼製化が進みます。初の鋼製電車は、モハ30として一九二六（昭和元）年に登場します。当時は73200形でしたが、一九二八年に車両称号規程が変わり、モハ30となっています。

リニア・鉄道館で見られるクモハ12041は、デハ73331として一九二七年に誕生、翌年モハ30131となります。さらに、一九五三年に再度行われた車両称号規程の改正によってモハ11047となりました。のちに京浜東北線となる京浜線で主に活躍していましたが、一九六四年に後進に道を譲り、事業用車クモヤ22112となって、浜松工場の入換作業で活躍していました。

ＪＲ東海が発足した一九八七年に旅客用に再改造さ

れ、クモハ１２０４１となって飯田線を中心に走るようになると、貸切列車としても注目を集めました。しかし、二〇〇二（平成一四）年に廃車となりました。実に新製から七五年も走り続けた電車です。

それだけに、時代を感じさせるところが各所に見られます。その最たるものは車体外観に多く見られるリベットでしょう。車体長は一七ｍで、その後、国電をはじめ国鉄車両の主流となる二〇ｍ車に比べて短いものの、出入口は前後に加えて中間にもある三扉となっています。通勤通学輸送を想定した扉配置です。

屋根はもともと、モニタールーフと呼ばれる採光や通風のための屋根が乗っているダブルルーフでした。ところが、モハ３０に続いて登場したモハ３１からは、その後の主流となる丸屋根になったため、クモハ１２０４１も丸屋根に改造されています。ちなみに、モニタールーフは木製車両時代の名残といえるものでした。

鋼製車体を特徴とするクモハ１２０４１ですが、車内は内張りと床に木が使われていて、木製車の時代を思い起こさせます。窓は下段上昇の二枚窓です。これも、一枚窓を経て、開閉ができない窓が主流となった今日では、時代を感じさせるものでしょう。網棚には網が張られ、天井には扇風機が取り付けられています。つり革が連なる外側の天井には配管が見えます し、床には主電動機の点検蓋もあります。これらも、最近の車両では見られないものですから、リニア・鉄道館へ行ったら、ぜひ現物をみて、昭和時代の車両を実感していただきたいところです。

初期の鋼製車の特徴をとどめるクモハ12041

流線形ブームにのって登場　モハ52004

戦前に、流線形がはやった時期がありました。蒸気機関車ではC53　43とC55　20～40に流線形が登場、電気機関車ではEF55が、そして関西急電と呼ばれる京都～大阪～神戸の電化区間には、モハ52という電車が流線形で登場しました。当時、関西ではこれらが大いに話題になったことは、京都で育った母から、筆者が何度も聞かされたほどです。

モハ52は中間車二両を含む初の四両固定で一九三五（昭和一〇）年に一編成、翌一九三六年に二編成が誕生したため、先頭車は001～006の六両がいました。しかし、空襲で006が消失します。残った001～005は高速度試験の後に飯田線配属となり、一九七八年に廃車となるまで同線の主として活躍しました。このうち003～005は窓の幅が広く、張り上げ屋根となっていて、001・002と容易に見分けられました。

飯田線時代に称号変更があり、クモハ52と〝ク〟がつきました。さらに、ヘッドライトは一般的な独立したものとなり、正面には行き先表示板入れが取り付けられ、運転席の後ろには乗務員扉もつけられました。

一九九一（平成三）年にできた佐久間レールパークには、クモハ52004が保存展示されましたが、当初は飯田線で活躍していた当時の姿でした。その後、同パークで展示しているあいだに、いくつかの変更がされます。まず目に付くのは、スカートがついたことでしょう。車両番号もモハ52004と

流麗な外観で現役時代から人気のモハ52004

〝ク〟がなくなったうえ、上下二行に分けた表示となりました。正面から二枚目の上部窓には「急行」の文字が入りましたし、テールライトも向かって左側だけとなり、形も変わっています。さらに、ヘッドライトは砲弾型と呼ばれる埋め込み式の物に戻され、塗装も関西急電時代のツートンカラーに戻りました。ただし、乗務員扉はついたままでした。

リニア・鉄道館で展示されている同車は、さらに徹底したオリジナル姿への復原がされています。乗務員扉とそのすぐ後ろの窓は他の客室窓と同じ大きさになりました。乗降扉もプレス製から木製にもどり、よくみると扉下部に手すりがついています。その扉の下のスカートには、小さな穴が空いています。これらは、ホームのない場所で運転士が電車に乗り込むときに、手と足を掛けるためのものです。

乗降扉の上部には雨樋がつき、屋根上や乗降扉横の雨樋はなくなっています。車両中央上部には行先表示窓がつき、屋根上のベンチレーターも変わっています。車内も大きく変わっています。

このように、リニア・鉄道館での展示にあたっては、時代考証をしっかりとしたうえで、その時代の様子を忠実に再現しています。

戦時形の三段窓 モハ63638

モハ63は、戦時下の旅客輸送力増強を目指して設計され、戦後まで大量生産された通勤電車です。車体長二〇mは当時としては大型ですが、そのお陰で片側に四つの扉を設けることができました。いま、混雑が激しい首都圏の通勤電車で、車体長二〇mで片側四扉が基本設計となっていますが、その先鞭をつけた車両といえます。

その扉幅は一mちょうどですが、それ以前の電車で採用されていた扉幅一・一mは、全開時でも少し出入口に残る状態だったのに対して、モハ63は全幅を戸袋に収められたので、開口部は実質的に変わらない広さでした。一方、戦時設計だけに外観からしてデザインに凝った様子はなく、基本的に直線で仕上げ、角に丸みを持たせるようなこともしていません。

製造は、一九四四（昭和一九）年度から一九五〇年度までですが、その大半は終戦直後の一九四五年度から一九四八年度までの約二年半に製造されています。その数六五四両で、戦時中に完成した三〇両と一九五〇年度に納入された四両、それに民鉄向け一一六両を合わせると総計八〇四両の大所帯でした。

その大半は首都圏の国電区間で使われ、京阪神でも使われていましたが、名古屋圏では名古屋鉄道に一〇編成二〇両が初代3700系として在籍しただけです。それも、当時、輸送力増強にはモハ63系しかなかったための導入であり、同社の規格にあわなかったため、わずか三年で全車を東武鉄道と小田急電鉄に譲渡しています。

戦時設計のモハ63は簡素な作りが信条

モハ63形の大きな特徴の一つに、三段窓がありま す。大きなガラスを調達できない時代に、車内の風通しをいかに良くするかを考えて作られた、画期的なものでした。

それは、写真を見て分かるように木枠で三段の窓を作り、中央を固定したうえで、上下それぞれを上方に開けられるようにしたものでした。これにより、座席に座っている乗客はもちろんのこと、立っている乗客にも上の窓から風が入ることになりました。それ以前は、上段を固定して下段を開ける方式が主流でしたので、立ち客に対する通風が芳しくなかったのでした。

ところが、これが思わぬ災難をもたらします。一九五一（昭和二六）年四月二四日の午後、横浜駅近くの桜木町駅に進入しようとした京浜東北線のモハ63が、垂れ下がっていた架線をパンタグラフが巻き込んでしまい、そこから出火したのです。室内は木製となっており、一度火が出ると燃え広がります。ところが、乗務員が乗降扉を開ける対応をしなかったため、乗客は逃げ場を探しました。しかし、三段窓では窓から脱出することができなかったのです。さらに、隣接する車両との貫通扉は、隣接車両側から車内に向けて開ける形の開き戸でした。混雑して混乱している車内で、扉を内側に開けることが困難なことは、容易に想像ができますよね。

結果、出火した先頭車は全焼し、二両目も半焼しました。その車両から逃げられなかった乗客が多くいたことから、死者一〇六名、重軽傷者九二名の大惨事となったのです。桜木町事故といわれる、戦後の鉄道事故史上でも特筆される大事故でした。

その車内は、床も椅子もほぼすべてが木製でした。網棚に網はなく、鋼製の支え具の上に木製の柵を設けた構造です。その網棚の端には手で握るための丸パイプがあり、つり革の代わりになっています。かろうじて天井の中心部分だけ化粧板が通してあり、そこに裸電球がともっていますが、これは天井にある配線を隠すためのものです。

桜木町事故をうけて、国鉄は早急な列車火災対策をとります。まず、三段窓の中央を開けられるようにするとともに、貫通扉も引戸式にします。いざというときに、乗客が自ら乗降扉を開けることができるよう、非常用ドアコックを増設し、車内にその案内表示を設置します。今も、列車に乗ると、非常時にドアを開けることができるという案内表示を扉近くで見られますが、あれは、桜木町事故をきっかけに設置が義務づけられたものです。このほか、燃えない鋼製車体への移行を急ぐとか、電車の屋根の難燃化をするなど、いまに通じるさまざまな技術的対

画期的ながら社会問題となった三段窓

応がされたのでした。

リニア・鉄道館に復元保存されているのは、一九四七（昭和二二）年製のモハ６３６３８です。桜木町事故をうけ、一九五二年に改造されてモハ７２２５８となります。さらに一九六七年からは事業用車クモヤ９０００５となって関東を離れて高槻電車区へ。さらに下十条運転区を経て、大垣車両区で活躍した車両です。

近郊形電車の決定版　クハ111-1

戦後、国鉄は「電車」による幹線系の整備を進めました。諸外国が機関車牽引の客車列車で近代化を推し進めるなか、国鉄のとった方針は異例ともいえるものでした。

電車方式は、客車にモーターを積むことにより自力で走るようにしたものです。長編成になると、複数のモーター付客車を連結することになるため「動力分散式」と呼びます。これに対して、機関車牽引列車は動力が機関車だけですので、「動力集中式」と呼びます。

動力分散式の電車で最初に成功したのは、近郊形直流電車８０系でした。続いて７０系が登場します。それらの技術をもとにして、特急「こだま」用１５１系電車が登場、さらに交流の０系新幹線電車へと技術が磨かれていきました。いまや世界の高速鉄道のほとんどが動力分散式を採用するようになりましたが、それもここ二〇年ほどのことで、それ以前は日本が世界の主流に反して独自技術を確立していた

トップナンバーがリニア・鉄道館に保存されている

のでした。

その一連の技術開発の過程で、一九六二（昭和三七）年に近郊形直流電車の決定版である111系が誕生します。この111系を母体に、翌一九六三年にモーターの出力を一〇〇kwから一二〇kwにパワーアップした113系が登場します。走行系の電気機器をパワーアップしたので、先頭車などモーターがついていない車両は111系と同じ形式となりました。ですから、111系も113系も先頭車はクハ111です。

この113系は国鉄近郊形直流電車の決定版となり、国鉄末期までに約三〇〇〇両も量産されました。また、山岳用の115系も一九六四年に登場しましたので、国鉄の直流電化区間にいけば、たいてい111・113系か115系を見かけることになりました。

その輝かしい経歴をもつ国鉄近郊形直流電車111系のファーストナンバー「クハ111-1」が、リニア・鉄道館に保存されています。「湘南色」と呼ばれるみかんの葉の緑と、みかんの実のオレンジ色を組み合わせた塗装が111・113系のオリジナル色で、リニア・鉄道館でももちろんこの色です。行き先表示が「東京」となっているのも、111系として登場した当時から、東海道本線の東京口の運用を担っていたためです。

特徴は側扉が三カ所にある点です。それまでの近郊形車両は、長距離車両とともに二扉車だったのですが、それでは増え続ける旅客数に対応できないため、片側三扉としたのです。それも、各扉が両開きとなっています。この仕様は、一九六〇年に登場した近郊形交直両用電車401系で登場したもので、その使い勝手の良さから111・113系にも採用されたのでした。いまでは当たり前となった近郊形電車での三扉両開きですが、その仕様は401系で登場し、111・113系で広まったといえましょう。

リニア・鉄道館のクハ111-1は、車内も見ることができます。その車内をみると、前述の両開き扉の付近が広くなっています。これは、扉の両脇にロングシートを配置し、扉間に四人向かい合わせのクロスシート（ボックスシート）を配したレイアウトの成果です。このロングシートとクロスシートを組み合わせた「セミクロスシート」は、いまや近郊形電車では当たり前に見られますが、これも国鉄では70系電車で登場し、401系でブラッシュアップしたうえで、続く111・113系で採用されて定着したものでした。

急行形直流電車　165系

戦後、東海道新幹線が開通するまでの一九年間は、在来線の高速化が進められた時期でした。当初は戦後復興が優先されましたが、復興が進むにつれ輸送需要が急増したため、国鉄も次々と技術革新を進めていったのです。そのなかで、一九五八（昭和三三）年一一月一日に登場したのが、伝説のビジネス特急「こだま」でした。同列車に使われた151系電車は、当時の国鉄技術陣がその技術力を結集したもので、後の新幹線電車へとつながる名車でした。また、ほぼ同時にブルートレインの元祖20系寝台客車「あさかぜ」も登場したため、「こだま」と同時に登場した急行用直流電車153系は、残念ながら隠れた存在でした。

急行「東海」として最後の活躍をしていた頃の165系

その153系は、まず東京～名古屋を結ぶ準急「東海」に投入され、続いて名古屋～大阪を結ぶ準急「比叡」に投入されます。性能的には特急「こだま」用151系と同等だったため、特急「こだま」の車両手配ができないときに153系が使われたこともありました。なお、新幹線が開業した後となる一九六六年三月に、「東海」「比叡」はともに急行に格上げとなっています。

その急行用電車の元祖といえる153系を継いで、

車両収蔵エリアに展示されているクモハ165 108(左)とサロ165 106

山岳用にモーター出力を二〇%増強して登場したのが165系です。中央本線の急行「きそ」や臨時急行「ちくま」、飯田線の急行「伊那」「駒ヶ根」、身延線の急行「富士川」などで活躍したほか、153系引退後の東海道本線でも急行「東海」に充当されました。その際には、〃大垣夜行〃と呼ばれた東京～大垣間の夜行普通列車にも間合い利用されていました。前頁に掲出した写真は、その〃大垣夜行〃で下ってきた編成が、大垣電車区（現・大垣車両区）で休んでいる際に、オレンジカード用に急行「東海」の姿にして撮影したものです。グリーン車が二両ついている、いま思うと贅沢な編成でした。

165系は、急行「東海」が特急に格上げされる一九九六（平成八）年三月まで活躍しました。また、飯田線の急行「伊那路」も165系を使用していましたが、同時に特急に格上げされました。これが、かつて全国の直流電化区間で幅を利かせた165系の、最後の急行列車でした。このときに廃車になった車両のうち、先頭車のクモハ165 108と、グリーン車のサロ165 106が保存され、リニア・鉄道館車両収蔵エリアに展示されているのです。隣には振子式381系パノラマ車があり、かつて中央西線で特急「しなの」と急行「きそ」として走っていた形式が並んでいるわけです。

先頭車の展示が多いリニア・鉄道館にあって、サロ165 106は珍しい中間車です。新幹線車両と客車を除くと、唯一の中間車です。同車で珍しいのは、屋根上にある前照灯でしょう。よくみると、連結面の向かって右側だけに窓があり、その窓の右端にはワイパーも見えます。この窓の内側に簡易な運転台があり、構内の入れ換えで使用されていたのです。車内は通常非公開ですが、筆者が往年の〝大垣夜行〟で幾度となく乗った、大きく傾くリクライニングシートが左右に二列並んでいます。イベント等で車内が公開される際には、ぜひ見ておきたい車内です。

新快速用直流電車 117系

117系は、国鉄改革が叫ばれていた一九八〇（昭和五五）年に登場しました。当時、京阪神間の新快速列車「ブルーライナー」には、昭和三〇年代に製造された153系急行形電車が使われていたのですが、その老朽取替用として登場したのです。

117系を使用した新快速は「シティーライナー」と名づけられて登場します。153系の四人掛けボックスシートに比べて、117系は転換クロスシートで快適と評判になります。また、153系は車端部デッキに出入口扉があったのに対して、デッキを廃して近郊形と同じく客室内に出入口扉を設けたことで、短時間での乗降が可能になったことも好評の一因でした。

その117系は、登場から二年後となる一九八二年に大垣電車区にも新製配置され、名古屋圏の東海道本線で「東海ライナー」として走り始めます。当初は六両編成九本五四両でしたが、国鉄最後のダイヤ改正となった一九八六年一一月一日のダイヤ改正に向けて、四両編成一八本七二両としました。JR東海になって以降の列車運行頻

「東海ライナー」登場時の塗装を再現している117系

度増に対応するためで、豊橋側・米原側それぞれの先頭車を九両ずつ計一八両新造しています。

この当時の塗装は、京阪神間と同じクリーム地にマルーン帯でした。それが、JR東海になった二年後となる一九八九（平成元）年度から、アイボリー地にJR東海のコーポレートカラーであるオレンジ帯を巻いた塗装に変更されていきます。

リニア・鉄道館の117系は、館北側にある屋外で冷暖房が効いた状態で来館者の憩いの場として開放されています。座席に座ることができるだけでなく、飲食することも可能なのです。設備を傷つけない、出たゴミは持って帰るという常識さえ守れば、自由に使える嬉しい存在です。

塗装は「東海ライナー」として登場した当時のもので、館内出入口に近い西側から、クハ117－30、モハ117－59、クハ116－209の三両です。このうちクハ116－209は200番台の九両目、つまり、JR東海発足直前に六両編成を四両編成にする際に新製したトイレなし先頭車九両のラストナンバーです。

0番台のクハ117－30とモハ117－59は、側窓が上段下降・下段上昇の二枚窓でしたが、200番台は上昇式の一枚窓です。展示車両をみると、200番台の一両だけ窓の形が違っていることが判ります。

鉄道記念物　国鉄バス第一号

リニア・鉄道館は高速鉄道をテーマにしていることから、実車では鉄道車両が多く展示されています。そのなかで異彩を放っているのが、このバスです。線路上を走らず道路を走る唯一の展示車両ですが、これが国鉄バスの第一号です。それも国産です。国内自動車産業の育成を目指して、敢えて国内メーカーに製造を任せた結果でした。しかし、ボンネットタイプの古風なデザインは、タイヤ廻りにある泥除けとともに、輸入車の影響を受けていることが感じられます。

国鉄バスは、鉄道網を補完する位置づけで、全国を走っていました。「つばめ」マークをつけた車体が目印で、いまでもＪＲグループが運行するバスは、高速バスを中心に「つばめ」マークをつけています。その国鉄バスの元祖は、一九三〇（昭和五）年一二月二〇日に、愛知県から岐阜県にかけての二路線で走りはじめました。岡崎～瀬戸記念橋～多治見と瀬戸記念橋～高蔵寺という路線でした。

　一九二二（大正一一）年の鉄道敷設法改正に伴って鉄道建設予定線が増えていたのですが、一気に全線着工とはいかない予算的な事情もありました。そこで、岡多線と瀬戸線という二本の鉄道予定線について、沿線都市の分布から乗客数が見込めると判断して、その先行・代行機関として、まずはバスを使って利便を図ろうとしたのでした。とはいえ当時のことですから、今では小柄なバスですが、走る道の整備からとりかかる必要があったそうです。

愛知県～岐阜県を走っていた、国鉄バス第1号

　ちなみに、この国鉄バス初の路線は、いま愛知環状鉄道として岡崎～瀬戸～高蔵寺を結んでいます。岡多線の一部となる瀬戸～多治見間の鉄道線は実現しませんでしたが、愛知環状鉄道に乗って瀬戸市駅から高蔵寺方面に向かう際、右手方向に多治見への分岐を想定して造られた構造が見られます。

　車内をみると、お世辞にも乗り心地が良さそうには見えません。二人掛けのシートは狭そうですし、空調のついていない時代にビニール張りでは、夏場の車内はさぞべたついて暑かったことと思います。しかし、シート・網戸・カーテンの色が統一されていて、落ち着いた装飾となっています。

　戦前のバスの保存は異例中の異例のことで、いまや国内最古の現存する路線バスです。この価値を評価して、一九六九年に国鉄が鉄道記念物に指定しています。

車両以外のみどころ

リニア・鉄道館は、保存車両以外にもみどころがあります。最後に、それらも紹介します。

日本最大級で遊び心満載の鉄道ジオラマ

誰もが注目するのが、鉄道ジオラマでしょう。面積約二二〇㎡、レール総延長が約一㎞にもなる日本最大級の鉄道ジオラマですが、同様なものと比べて、リニア・鉄道館のものは、驚くほどの遊び心を満載しています。鉄道模型が走っているな…だけでなく、見どころが判るとさらに面白くなりますよ。

まずは、鉄道ジオラマの全景…と記したいところですが、あまりに大きくて、一枚の写真に収めることができません。そこで、横長なジオラマの中心に位置する名古屋駅から右手の写真をご紹介します。

駅ホームがずらりと並んでいますが、新幹線のホームは実物どおり一六両編成が停まれる長さとなっています。HOゲージ鉄道模型は新幹線の場合、縮尺が八七分の一ですから、実物で約四〇〇mの新幹線電車は、ここで四・六mにもなります。五m弱の直線というだけで、すでに一般家庭では無理なサイズということが判りますよね。ちなみに、六畳間の広さ

名古屋駅の様子。奥の方に富士山が描かれている

左は浦島さん？　右は赤ずきんちゃん？

は畳の規格によって少し異なりますが、概ね長辺が三・四〜三・八ｍです。つまり、この名古屋駅を自宅に置いたら、六畳間を突っ切って、更に四畳半の半分ほどを占拠することになります。もちろん、駅だけでは模型車両が動けませんので、両端にはさらに長い距離を要します。いかに大きな鉄道ジオラマかを実感していただけると思います。

名古屋駅の向こうには富士山が描かれていますのでそのあたりが静岡県ということが判ります。さらに先、ジオラマのレールが折り返してくるあたりが首都圏。この写真には写っていない、入口から見て左手が関西圏となっていて、ＪＲ東海の営業エリアをぎゅっと凝縮したジオラマだということが判ります。

鉄道ジオラマは、朝焼けからはじまり、日が暮れて夜となる…そんな照明効果を見せてくれます。鉄道の二四時間を表現しているのです。夜は、日付が変わる頃になると列車が走らなくなりますよね。そこで登場するのが保守作業車です。新幹線の軌道敷のバラスト（砕石）等を修正する「マルチプルタイタンパー」（通称・マルタイ）という、保守用車が作業をしている様子や、道床整理車、道床安定車など、翌朝の一番列車から安全快適に営業列車の運行をするために人知れず行われている夜間作業を知ることができるのです。

鉄道ジオラマをよくよく観察すると、遊び心があることにも気付きます。…といっても、一見さんではとても気付かないもので、リピーターとして注意深く観察していると、「なにこれ？」みたいに、一つひとつ気付いていくようなものです。

例えば写真の左側は海中にあるのですが、亀に乗っていることから浦島太郎と判りますよね。腰に着けているのは、たまて箱でしょうか。後方を赤い魚が泳いでいますが、その左下には竜宮城があり、乙姫さんが手を振って見送っています。右側は、なんとも時代錯誤のような衣裳を身につけた少女が歩いています。赤い頭巾を被って…と思ったら、その右側の木の下には、おおかみが舌なめずりしているではないですか。これは、明らかに「赤ずきんちゃん」ですよね。

この他にも、ビーチで日光浴をしている女性の一人がトップレスだったり、コンサート会場の後方で倒れている人がいて、回りを人が囲んでいるリアルなシーンもあります。また、交通事故処理をしている様子があるかと思えば、映画のロケをしていたり、箱根駅伝の選手が走っているかと思えば、祇園祭の鉾が巡行していたり…と、東名阪のハレとケの様子が、さりげなく表現されています。

それぞれ、どこにあるかは敢えて記しません。ぜひ、リニア・鉄道館に出かけて、これらのこだわりシーンを見つけて下さい。そんな見方をすると、楽しいですよ。ちなみに、毎月なんらかの変更がされているとのことですので、一度見たからと安心はできないそうです。そんなこだわりを持つ方は、リピーターになるしかなさそうです…。

なお、鉄道ジオラマは入館料だけで見られるうえ、頻繁に運転してくれるので、何度でも繰り返し見ることができます。その構想から見どころまでを網羅した「公式　鉄道ジオラマガイド」が、ミュージアムショップで税込一〇八〇円で販売されています。同書をみると、ジオラマへの理解が深まるとともに、見逃していた視点にも気付かされ、また見に行きたくなります。

親子で楽しむ運転士・車掌体験シミュレータ

リニア・鉄道館では、シミュレータを使って運転体験や車掌体験もできます。次ページの写真は、東海道新幹線N700系の実物大運転台モックアップ内で運転体験ができる「新幹線シミュレータ」です。運転席に座ると、スクリーンが視野いっぱいに広がっている

新幹線の運転体験ができる「新幹線シミュレータ［N700］」

ので、とても臨場感があります。運転席周りの機器類はもちろんのこと、座席も本物と一緒です！　シミュレータ経験値によって見習い編・練習編・達人編とレベルアップしていくことが可能で、達人編ともなると、実際に東海道新幹線を運転しているプロの運転士と同様な条件での運転ができるそうです。

この運転台で、一回一五分間も臨場感と迫力を体験できるのですが、同行者についても配慮されています。写真をみると、モックアップの手前にスペースがありますよね。ここで、運転台画面と同じ映像が見られ、運転速度もわかるのです。もちろん前方の大型モニターを斜め後方から見ることもできます。

ほかに「在来線シミュレータ」もあります。在来線は、運転シミュレータに加えて、車掌シミュレータもあるのが、リニア・鉄道館ならではの特徴です。運転シミュレータは２１１系四台、３１３系四台の計八台もあります。

「車掌シミュレータ」は、３１３系の実物大モックアップを使用する大掛かりなものです。乗務員室扉から出入りして、安全確認をしながら客室扉を扱うことになります。その際には指差確認と喚呼が必要になりますが、係の方が親切に教えて下さいますので、心配はいりません。

超電導リニア展示室

体験型として異色なのが、「超電導リニア展示室」にある「ミニシアター」での時速五〇〇km疑似体験です。東海道新幹線の最高時速は二八五kmですから、それよりもはるかに速い時速五〇〇㎞はどんな世界なのか、みなさん興味がありますよね。山梨リニア実験線では、期間限定で毎年その有料体験を実施しています。ところが、かなりの人気で抽選制です。

その模擬乗車体験が、リニア・鉄道館でできるのです。座席は、山梨リニア実験線で走るＬ０系と全く同じもの。モックアップも同車両と同じ大きさの内装となっています。座席に座ると、正面にモニター、座席脇の小さな窓には車外をイメージした映像が映ります…といっても、中央新幹線はほとんどがトンネル内なので、映像はきれいな景色ではなくトンネル内の照明なのですが。

山梨リニア実験線を、抽選なしで名古屋で体験できる!

やがて走りはじめると、座席が小刻みに振動します。さらに速度が上がると、フッと浮いた感じになり、明らかに振動が変わります。これが、ゴムタイヤ走行から超電導リニアモーターによる浮上走行に変わった瞬間です。窓の外の照明は、最初、光る線が後方に流れ去るように見えていたのが、速度が上がったことで次々に通過する照明が一筋の線になって見えます。

この模擬体験は所要時間約五分で、しかも高頻度で行われていますので、並べばすぐに見られることが多いです。ミニシアターを出ると、超電導リニア技術の体験を通じて理解する装置や、山梨リニア実験線の概要を紹介した展示、それに超電導リニア技術の歴史など、リニア・鉄道館ならではの展示があります。

「鉄道のしくみ」エリア

リニア・鉄道館の一階には多くの展示車両がありますが、その車両展示エリアの７００系新幹線に近い壁に沿って「鉄道のしくみ」コーナーがあります。やや地味な展示ですが、その一つひとつをみていくと、なかなか興味深い内容となっていることが判ります。

線路構造の基礎知識や、安全に走行するためのノウハウといったことから、切符や座席、保線や運転技術まで、幅広い内容を判りやすく模型やパネルを使って解説しています。

なかには実物もあり、「きっぷを発券してみよう!」は、実際にその場で発券したきっぷで、設置してある新幹線改札口で実際に使っていた自動改札機を通ることができます。300系グリーン車座席にも、実際に座ってそのかけ心地を確認することができます。次世代の新幹線車両となるN700Sについても、パネルで解説しているところなど、JR東海が運営するリニア・鉄道館ならではのことでしょう。

一つひとつをじっくり見ていると、このコーナーだけでも結構な時間を必要とします。

多様な技術の集大成である鉄道の技術面を知ることができる

リニア・鉄道館の二階各展示室

リニア・鉄道館の二階は、シンボル展示の三両や、車両展示エリアの車両達を見下ろす形で見学ができ、国鉄バス第1号車も展示されています。さらに、次の各設備もあります。

▼DS．デリカステーション
▼T．映像シアター
▼R．収蔵展示室
▼H．歴史展示室
▼LE．体験学習室
▼L．飲食コーナー
▼K．キッズコーナー

114〜115ページのフロアマップも併せてご覧下さい。

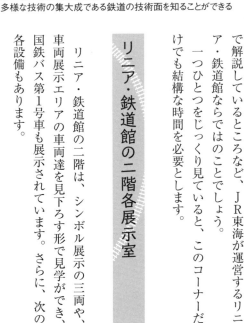

リニア・鉄道館の入口に近い側から順に記しましたが、このうち、「R. 収蔵展示室」は、同館所有の貴重な収蔵資料をときどき入替えながら展示しています。また、「LE. 体験学習室」は、企画展の開催場所としても使用しています。

歴史展示室

さらにもう一つ、貴重な資料を展示している部屋が「H. 歴史展示室」です。東海道における鉄道の誕生から今日まで、日本の鉄道界を常にリードしてきた東海道本線・東海道新幹線を中心とした鉄道発展史を知ることができる展示室です。ここでは、足を止めてじっくりと解説を読み、展示物を鑑賞したいところです。

「T. 映像シアター」では、貴重な映像を入館料だけで見ることができます。高速鉄道をテーマとした、リニア・鉄道館の開設意図に沿った内容を基本としていて、見ているだけで、鉄道の歴史や新幹線についてより詳しくなります。そのコンテンツも毎年更新されていて、上映時間と上映内容は入口付近に掲示されています。着席しての鑑賞となりますので、予め見たい映像をチェックをしておき、広い館内をまわり疲れたときに見に来るといった利用がお勧めです。

映像シアター

でも、あまりに歩き疲れていると、観賞しながらつい居眠りということにもなりかねませんので、無理はしないようにしてくださいね。

「T．映像シアター」に隣接して「DS．デリカステーション」があります。リニア・鉄道館を一日かけて見学すると、お腹が減ってしまいますよね。そんなときに頼りになる館内の食事・喫茶スペースです。

デリカステーション

JR東海のグループ会社であるジェイアール東海パッセンジャーズの直営店です。ジェイアール東海パッセンジャーズといえば、東海道新幹線の車内販売を手がけている会社です。それだけに、東海道新幹線の駅や車内で販売しているお弁当やコーヒーなどを取りそろえています。リニア・鉄道館限定のサンドイッチ「キッズサンド」は、容器が超電導リニア車両の形をしたもので、土休日限定販売となっています。また、ときには企画展にあわせた品揃えを充実させることがあります。

ミュージアムショップも見逃せない

このほか、東海道新幹線開業当時の復刻駅弁や、静岡駅が発祥といわれる「汽車土瓶」の復刻版も販売しています。見逃せないですよね。

リニア・鉄道館の二階には、お子様連れで行った際に、子ども達が遊ぶことができる「K．キッズコーナー」もあります。一人で鉄道研究に行っても良し、家族連れで一日ゆっくりと楽しんでも良しのリニア・鉄道館ですが、数ある展示車両だけでなく、これら二階の各施設も上手に活用して、より満足感を高めてください。

リニア・鉄道館の見学を終えたら、最後に寄りたいのがミュージアムショップです。エントランス部分にあるので、入館しないときでも立ち寄ることができますが、やはり一通り見学を終えて、軽い興奮を感じているときに寄りたいところです。リニア・鉄道館オリジナルの商品が多数ありますが、なかでもドクターイエロー関係は人気ということです。思い出のグッズを買って帰りましょう。

ガイドツアーを楽しむ

リニア・鉄道館では、ガイドツアーを数多く実施しています。館内の「みどころガイド」については基本的に開館日の毎日一四時三〇分から実施しています。また、テーマを絞ったガイドツアーも期間を区切って実施しています。これらガイドツアーは、リニア・鉄道館ホームページの「ニュース一覧」に掲載されるイベント情報で知ることができます。いずれも定員制ですので、入館後早めに予約すると良いでしょう。

「そうだったのか!」との驚きがあるガイドツアー

ガイドツアーの良いところは、誰にも判る平易な言葉を使って、しっかりとした内容の説明をしてくださることです。この書を読んでいる方は、それなりに知識を持っている方が少なくないと思いますが、そういった方でも、二〇－三〇分のガイドツアー中、一つや二つは「そうだったのか!」と改めて知る事実があることと思います。かくいう筆者もそうでした。

あとがき

中日新聞のWebサイト「中日新聞プラス」内のコンテンツとして、多方面の記事が日々公開されている「達人に訊け！」ですが、当初、月間三本程度の公開をと依頼いただきました。ところが、多忙にかまけて、ついつい新たな記事が遅れることが幾度か知れず…さらに、今年に入ってからは月に一本しか書けないことが続いて申し訳なく思っています。その点について、中日プラス運営部の担当・橋本拓磨さんは大目にみてくださり、頻度よりも長く続けて欲しいという優しいお言葉をくださり救われました。

鉄道関連をテーマにすると、興味をもって読んで下さる方が多いようで、お陰様で「達人に訊け！」のアクセスランキングで上位十名の常連にさせていただいています。それでも、月に一本しか公開できないと、ずるずると順位が下がってきています。これでは、読者の方々にも、大目に見て下さっている橋本さんにも申し訳なく、本書入稿後は再び公開頻度を戻していこうと心しているところです。

その連載中には、リニア・鉄道館の取材でたいへんお世話になった天野副館長が館長に昇格されています。明治村では、広報担当の反端一也さんはもとより、同村の鉄道に関わる方々に何かとお世話になりました。大井川鐵道では、経営企画室広報担当の山本豊福さんが、取材を快く受けてくださるだけでなく便宜を図ってくださったお陰で、記事内容を通り一遍のものではなくできました。その他にもお世話になった方が大勢おいでになり、本来でしたらお一人お一人のお名前を記すべきところですが、紙数の関係で敵いません。皆様には大変お世話になりましたことに、ここで改めて御礼申し上げます。

中日新聞社では、「はじめに」で記した、「達人に訊け！」執筆のきっかけを作って下さった岐阜支社事業課の松波良城さん、執筆開始当初の担当で応援して下さった加藤隆佳さん、本書の入稿が遅れるにも関わらず辛抱強くかつ丁寧に対応して下さった出版部次長の勝見啓吾さんに、御礼申し上げます。

二〇一八年五月

鉄道フォーラム代表　伊藤　博康

●著者略歴

伊藤 博康（いとう・ひろやす）

1958年愛知県犬山市生まれ。大学卒業後に10年間のサラリーマン生活を経て、当時話題だったパソコン通信NIFTY-Serveで鉄道フォーラムの運営をするために脱サラ。1998年に（有）鉄道フォーラムを立ち上げて代表取締役に就任。2007年にニフティがフォーラムサービスから撤退したため、独自サーバを立ち上げて鉄道フォーラムのサービスを継続中。

一方、鉄道写真の撮影や執筆なども行い、鉄道趣味雑誌等に執筆・掲載。『日本の"珍々"踏切』（東邦出版）をはじめ『「トワイライトエクスプレス」食堂車ダイナープレヤデスの輝き』（創元社）、『駅を楽しむ「えきたの」アート編』（創元社）など著書多数。

webの連載は中日新聞プラス「達人に訊け!」のほか、東洋経済オンライン「鉄道最前線」がある。

東海鉄道散歩

2018年7月18日　初版第一刷発行

編　著　伊藤博康
発行者　野嶋庸平
発行所　中日新聞社　〒460-8511 名古屋市中区三の丸一丁目6番1号
電話 052-201-8811（大代表）　052-221-1714（出版部直通）
郵便振替 00890-0-10
デザイン　全並大輝
印　刷　長苗印刷株式会社

ISBN978-4-8062-0747-4　C0065